메타버스 시대,
어떻게 살아야 할까?

"메타버스, 저 이미 하고 있는데요?"

메타버스를 설명하면 아이들의 입에서 제일 먼저 튀어나오는 말이다. 왜냐하면 아이들은 이미 '로블록스' '마인크래프트' '제페토'라는 메타버스 세상에서 생활하고 있으며, 각종 애플리케이션(Application, 앱)을 통해 얼굴을 변형하거나, AR(Augmented Reality)과 VR(Virtual Reality) 기술을 활용한 학습으로 현실과 가상을 자유롭게 넘나들고 있기 때문이다. 아이들은 메타버스라는 단어가 등장하기 이전부터 메타버스 안에서 살고 있었다. 반면에 어른들은 메타버스라는 단어가 나오는 순간부터 메타버스에 관심을 가지기 시작했다.

이제 메타버스는 사회 곳곳에서 주목받고 있다. 기업들은 시대에 뒤처지지 않기 위해 너도나도 메타버스를 사업계획으로 내세우고 있고, 메타버스 관련 책과 정보도 끊임없이 쏟아지고 있다. 메타버스는 그 이전에도 여러 형태로 존재했지만, 메타버스라는 이름을 부여하면서 실체가 좀 더 명확해졌다. 코로나19로 인해 메타버스를 직접 경험하는 사람이 많아지면서 메타버스 시대가 한발 더 가까워졌다.

메타버스에 대한 관심이 커지면서 다양한 연령층을 대상으로 메타버스 강의를 진행하게 되었다. 강의를 하면서 나이에 따라 메타버스에 적응하는 속도가 다르다는 점이 흥미로웠다. 같은 내용을 설명해도 아이들은 10분이면 이해하는데, 어른들은 40분이나 걸린다. 특히 메타버스가 무슨 뜻인지 설명할 때부터 차이가 난다. 메타버스를 설명하면 아이들은 바로 고개를 끄덕인다. 그리고 저마다 "이미 하고 있어요" "벌써 해봤어요"라고 외친다. 반면에 어른들은 메타버스를 직접 체험하기 전까지는 고개를 갸웃거린다. 아이들과 같은 설명을 들어도 머릿속에서 개념이 빙빙 돈다고 말한다. 대부분 "애들 장난 같은 걸로 뭘 하겠어요"라고 반응하기 일쑤다. 그러나 메타버스를 한번 체험해보면 그제야 고개를 끄덕이며 받아들인다.

메타버스에 대한 어른들의 경험은 아이들과 비교해서 상당한 차이가 나고 있고, 앞으로 그 차이는 더욱 벌어지게 될 것이다.

메타버스에서 이미 생활하고 있는 아이들.

메타버스 관련 영상을 숨 쉬듯이 보고 있는 아이들.

각종 앱으로 인공지능을 활용하고, AR과 VR로 세상을 바라보는 아이들.

미래 선망 직업 1위로 유튜브 크리에이터를 뽑는 아이들.

이 아이들이 사회를 이끌어갈 나이가 되기까지 불과 10년도 남지 않았다. 아이들은 현실에서는 만들 수 없는 세계를 메타버스에서 손쉽게 만들어낸다. 메타버스에서 자신이 만든 온갖 콘텐츠를 사람들과 공유하며 즐긴다. 아이들은 메타버스 시대를 이미 주도하고 있다. 어른들은 이주민으로 이제야 메타버스를 기웃거리고 있지만, 아이들은 원주민으로 메타버스를 날아다니고 있다.

나는 코로나19로 메타버스 이주민이 될 수밖에 없었다. 급작스럽게 변화된 교육 환경에서 아이들과 함께 학습할 수 있는 새로운 공간이 필요했다. 온라인 수업으로는 아이들의 눈길을 잡아둘 수 없었고, 수업 내용은 아이들의 귀로 들어가지 않았다. 에듀테크 도구들을 아무리 활용하더라도 서로의 실재감이 떨어지는 것은 극복하기 어려웠다. 그래서 찾은 방법이 메타버스였다. 물론 메타버스로 모든 수업을 대체할 수는 없었다. 그러나 우리가 함께하고 있다는 실재감을 줄 수 있었다. 교실에서처럼 함께 만들어가는 수업이나, 교실에서 할 수 없던 수업도 시도할 수 있었다.

아이들과 메타버스에서 활동하면서 느낀 가장 큰 감정은 놀라움이었다. 메타버스에서 살고 있는 아이들과 같이 활동하는 순간들은 정말 놀라움의 연속이었다. 교실 안에서 뛰는 아이들이 있다면, 메타버스 안에선 나는 아이들이 있었다. 선생님이 메타버스에서 걷고 있으면, 아이들은 날아다녔다. 온라인 수업이나 교실 수업에서 두각을 드러내지 못하던 아이들도 메타버스 안에서는 새로운 능력을 보여주었다. 모두 눈빛을 반짝이며 주도적으로 메타버스에 자기만의 공간을 만들어 나갔다. 나와 같이 활동한 모든 선생님이 메타버스를 통한 아이들의 긍정적인 변화를 지켜보면서 감탄했다.

세상은 변화하고 있다. 이 변화의 흐름에 모든 아이가 올라탔다. 그런데 어른들이 보기에는 이러한 변화가 미흡하고 불안해 보이는 모양이다. 길가에 내놓은 어린아이처럼 걱정이 되어 자꾸 옆으로 끌고 와서 얌전히 앉혀놓으려고 한다. 메타버스는 앞으로 인터넷과 스마트폰처럼 우리 사회를 완전히 변화시킬 것이다. 아이들이 메타버스에서 살아가는 지금, 이 변화를 긍정적인 에너지로 전환하여 활동할 수 있도록 돕는 것이 어른들의 역할이다.

초등학교 교사로 12년을 아이들과 함께하면서 각종 변화에 앞장서 왔다. 실과 교과서 집필부터 커리어넷 진로 상담교사, 에듀테크 선도위원, 성장중심평가 선도위원, 교육정책 추진단, 교육정책 네트워크 자문단까지. 이 모든 일은 시대의 변화를 아이들에게 더 빨리 전하기 위해서였다. 매년 교육정책은 미래 사회에 맞게 변화했고, 아이들의 모습도 눈에 띄게 변화했다. 이러한 변화의 접점에 메타버스가 있다. 앞으로 다가올 미래의 교육과정과 평가 방식의 변화, 역량 중심 사회로의 전환, 아이들이 생활하는 공간을 교육공동체가 직접 디자인하는 '그린스마트 미래학교'까지 모두 메타버스와 맞닿아 있다.

실제 교육 현장에서는 빠르게 변화하는 사회에 적응할 틈도 없이 정말 하루하루가 버거울 정도의 일들이 쏟아지고 있다. 『메타버스로 소통하는 아이들』은 그러한 교육 현장에서 활약하는 선생님과 교육 관계자, 학부모님이 메타버스 시대에 아이들의 마음에 한 발짝 더 다가갈 수 있도록 하기 위한 책이다. 메타버스에 발만 들여도 아이들과의 소통의 폭이 훨씬 넓어진다. 그 놀랍고 소중한 과정을 함께 나눠보고자 한다. 교육 현장에서 메타버스를 쉽게 이해할 수 있도록 서술하고, 실제 교육 활동으로 활용할 수 있는 내용도 소개하고 있다. 이 책을 통해 메타버스 시대에 함께 하기를 권유해본다.

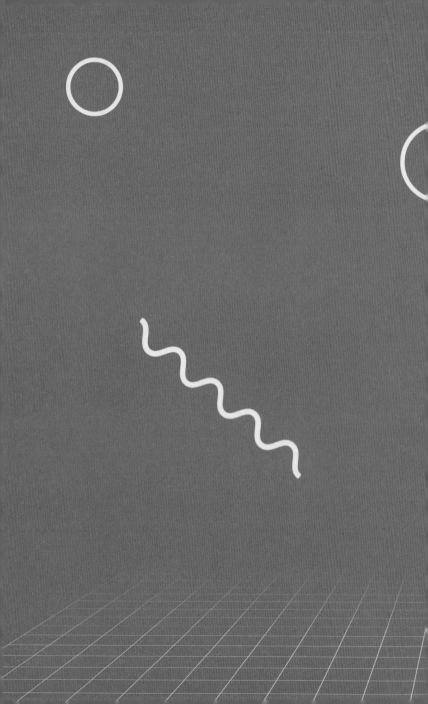

1장

메타버스란 무엇인가?

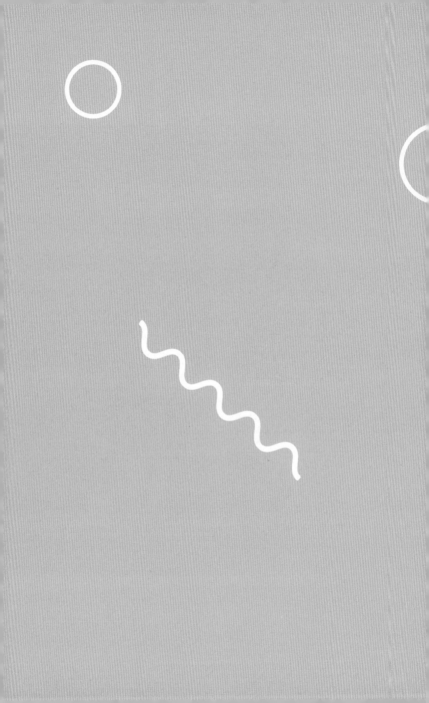

메타버스의 정의

메타버스는 가상과 현실의 결합

메타버스를 처음 들은 사람들은 버스(Bus)를 떠올리기도 한다. 여러 가지 기능을 가진 이동 수단이라고 생각하는 것이다. 그러나 메타버스의 버스는 Verse를 뜻한다. Universe의 줄임말이다. 메타버스는 초월과 가상을 뜻하는 접두사 Meta와 세계를 뜻하는 Verse가 합쳐진 말이다. 다시 말해 초월한 세계, 가상의 세계를 의미한다. 그러나 단순한 직역만으로는 메타버스의 의미를 모두 담아내기 어렵다.

물론 버스를 어디론가 이동하는 것으로 받아들여도 메타버스와 의미가 연결된다. 우리를 새로운 공간으로 이동시켜줄 수단이기 때문이다. 메타버스는 현실에서 가상으로 확장된 세계라고 볼 수 있다. 그런 뜻에서 사람들에게 새로운 경험을 제공해주는 버스의 역할도 동시에 할 수 있다.

2022년 1월, 20대 국회에서 발의한 '메타버스산업 진흥법안' 제2조 1항에 따르면 "메타버스란 컴퓨터프로그램 등 정보처리 기술, 장치와 정보통신망을 이용해 입체 환경으로 구성된 가상사회에서 가상인물 등을 통해 다양한 사회적, 경제적, 문화적 활동을 할 수 있도록 제작된 가상의 공간"으로 정의한다.

또한 '가상융합경제 발전 및 지원에 관한 법률안' 제2조 5항에서는 "가상융합세계(메타버스)란 가상융합서비스로서 가상융합기술 및 가상융합기기를 이용하여 가상의 존재가 활동할 수 있도록 구현된 가상의 공간 또는 가상과 현실이 결합한 공간"으로 정의하고 있다.

현재 메타버스의 정의는 형태와 사용 방법에 따라 조금씩 변화하고 있다. 하지만 가상과 현실을 합친 공간이라는 점은 변하지 않는다. 초기 단계에 있는 메타버스 플랫폼을 보고 가상과 현실을 합친 공간이라는 정의가 의아할 수도 있다. 현실과 비교해서 그래픽이나 디자인이 어설퍼 보이기 때문이다. 그러나 코로나19로 사람들의 만남이 줄어들고 외부 활동 자체가 어려워지면서, 메타버스는 코로나19에 영향을 받지 않는 대안 공간으로 다가왔다.

사람들은 만나지 못하는 상황에서 서로를 확인할 수 있는 메타버스에서 활동하기 시작했다. 학생들에게 메타버스는 코로나19의 탈출구와도 같았다. 코로나19로 2020년 한국의 초중고생들 540만 명이 온라인 개학을 했고, 학생들은 친구들과 오직 온라인에서만 만날 수 있었다. 이 시기에 대부분 학생이 온라인 세상을 경험했고, 그 중심에 메타버스가 있다.

메타버스의 네 가지 유형

현실과 가상의 연결이라는 측면에서 메타버스는 가상현실만을 의미하는 것은 아니다. 우리가 한때 열광했던 스마트폰 게임 '포켓몬고', 인스타그램과 페이스북 같은 '소셜 네트워크 서비스(SNS)', 전 세계의 모습을 확인할 수 있는 '구글 어스', 화상 회의 플랫폼인 '게더타운'까지. 현실과 연결되고 확장된 세계를 모두 포함하여 메타버스라고 칭한다.

미국의 비영리 연구단체인 가속연구재단(Acceleration Studies Foundation, ASF)에서는 메타버스를 네 가지 유형으로 정의했다. 이 유형에 따르면 포켓몬고는 증강현실(AR), SNS는 라이프로깅(Lifelogging), 구글 어스는 거울세계

(Mirror Worlds), 게더타운은 가상세계(Virtual World)에 해당한다. 모두 메타버스에 포함되는 개념인 것이다. 이 네 가지 유형을 조금 더 알아보자.

증강현실

증강현실은 흔히 AR이라고 불린다. AR은 현실 공간에다 가상의 이미지를 추가해서 보여주는 기술이다. AR은 현실의 연장이라고 볼 수 있으며, 이미 교육에서 활용되고 있다.

디지털 교과서를 이용하면 우리 조상의 지혜가 담긴 온돌 살펴보기, 등고선 살펴보기, 지구본과 세계지도로 우리 국토의 위치 알아보기, 세계의 기후 분포 알아보기 등 다양한 교육 지식을 AR로 체험할 수 있다.

현실의 공간에서 가상의 몬스터를 잡을 수 있는 포켓몬고 게임이나, 아이들이 가지고 노는 캐릭터 카드나 〈U+아이들나라〉라는 방송 프로그램에서도 접할 수 있다. 메타버스 플랫폼인 제페토에서도 아바타를 AR로 만들어서 활용해볼 수 있다.

만약 지금 당장 AR을 경험해보고 싶다면, 윈도우10의 기본 프로그램인 3D 뷰어를 실행하거나, 인터넷으로 AR 동물을 검색하면 바로 체험해볼 수 있다. AR은 우리 생활에서 아주 손쉽게 접할 수 있는 메타버스다.

포켓몬고는 AR을 활용하는 게임이다. ⓒPokemon GO

라이프로깅

라이프로깅은 요즘 아이들이 가장 사랑하는 틱톡이나 인스타그램, 페이스북과 같은 SNS를 말한다. 현실에서 아무리 멀리 떨어져 있더라도 SNS를 이용하면, 전 세계 사람들과 만날 수 있다. 이제 사람들은 자연스럽게 SNS에서 친구를 맺고, 게시물에 '좋아요'를 누른다.

온라인 수업 때 활용했던 카카오톡, 클래스팅, 이학습터, EBS 온라인클래스도 SNS의 한 종류로 해석할 수 있다. 그리고 음성 인식 플랫폼인 빅스비와 시리처럼 우리의 일상을 돕는 것들과, 추억의 싸이월드도 라이프로깅의 연장선에 있다고 할 수 있다.

우리가 일상적으로 사용하는 SNS도 메타버스에 포함된다.

거울세계

현실을 그대로 디지털로 옮긴 세계를 뜻한다. 초등학교 3학년 교과서에는 종이 지도 대신 디지털 지도의 특징을 배우는 부분이 있다. 종이 지도보다 디지털 지도에 익숙한 아이들을 위해서다.

우리는 이제 디지털로 현실을 바라본다. 앱으로 음식을 주문하거나, 택시를 부르는 것도 거울세계에 포함된다. 음식을 주문하면 배달이 어디에서 출발하는지, 택시를 부르면 택시가 정해진 장소로 오고 있는지를 앱을 통해서 실시간으로 확인할 수 있다. 이처럼 현실의 정보를 가상세계에서 유용하게 활용하는 것이 거울세계다.

구글 어스처럼 실시간으로 현실의 정보를 반영하는 것을 거울세계라고 한다.

가상세계

우리가 흔히 알고 있는 메타버스를 뜻한다. 아이들이 좋아하는 로블록스와 마인크래프트, 수업에서 많이 활용하는 게더타운과 젭, 제페토와 이프랜드 등 다양한 가상세계 플랫폼이 있으며, 지금도 새로운 플랫폼이 끊임없이 개발되고 있다.

그러나 이러한 기준들은 메타버스가 발전하면서 점점 더 경계가 모호해지고 있다. 예를 들어 제페토는 가상세계지만, AR 캐릭터를 사용할 수 있는 증강현실이면서 동시에 SNS 기능도 이루어지는 라이프로깅이기 때문이다. 메타버스는 아직 초기 단계다. 좀 더 시간이 지나면 현실인지 가상인지 구분이

마인크래프트는 대표적인 메타버스 플랫폼이다. ⓒMinecraft

안 되는 단계까지 발전할 것이다. 현실과 구분되지 않을 정도
로 정교한 가상세계라니 믿기 어려울 수도 있다. 하지만 컴퓨
터와 인터넷이 처음 도입되던 시기를 생각해보면, 앞으로 다
가올 변화를 피할 수 없다는 걸 직감적으로 알 수 있다.

　인터넷 쇼핑이 도입되었을 때, 우리들의 엄마는 인터넷으
로 사는 물건을 어찌 믿냐며 손사래를 쳤지만, 지금은 인터넷
쇼핑의 달인이 되었다. 앱으로 음식 재료를 새벽 배송으로 주
문하고, 건강식품도 가격 비교를 꼼꼼히 하면서 쇼핑한다. 우
리들의 아빠는 카카오톡을 보면서 무슨 애들 장난이냐고 말
했지만, 지금은 친구에게 기프티콘도 선물하고, 프로필 사진
도 자유롭게 변경하며 능숙하게 다루고 있다.

메타버스도 이러한 변화의 초입에 서 있다. 새로운 기술을 먼저 접하고, 세상의 변화를 알아차리는 것은 언제나 소수였다. 특히 아이들은 유연한 사고로 변화에 빠르게 적응해왔다. 메타버스는 아이들의 생활뿐만 아니라, 교육의 많은 부분에서 현실의 한계를 극복하기 위한 도구로 활용되는 중이다. 메타버스는 이미 우리 세상에 들어와 있기 때문에 더 이상 현실과 분리해서 생각하면 안 된다.

메타버스라는 새로운 산업

플랫폼 기업의 등장

처음 스마트폰을 사면 가장 먼저 하는 일은 무엇일까? 각종 앱을 내려받는 일이다. 컴퓨터를 활용하기 위해서 다양한 프로그램이 필요하듯이, 스마트폰도 앱이 있어야 제대로 활용할 수 있다.

우리나라에서 사용되는 스마트폰은 대부분 구글의 안드로이드 운영 체제를 기반으로 하고 있다. 안드로이드에서 앱을 내려받기 위해선 '구글 플레이(Google Play)'에 접속해야 한다. 구글 플레이를 사용하려면 구글 아이디가 필요하다. 안드로이드 스마트폰을 가진 사람들은 모두 구글 아이디를 가지고 있다.

그리고 구글 플레이에 처음 접속하는 순간 카카오톡을 제일 먼저 설치할 것이다. 현재 카카오톡은 우리나라에서 가장 많이 사용하고 있는 메신저 앱이다. 다른 사람과 친해지면 연락처를 묻고, 자연스럽게 카카오톡으로 연락한다. 새 학기가 되면 아이들은 저마다 카카오톡 단톡방을 만드는 데 열을 올린다. 선생님도 같은 학년 선생님들끼리 단톡방을 만드는 것으로 새 학기를 시작한다. 생일 선물로 기프티콘을 보내기도 하고, 프로필 사진을 바꾸면서 일상을 공유하기도 한다.

지금은 너무나 당연한 구글과 카카오톡이지만, 처음 등장했을 때는 이렇게 대기업으로 성장하리라 예측하는 사람이 드물었다. 왜냐하면 그때는 플랫폼을 선점하는 것이 무엇을 의미하며, 어떻게 이익으로 이어지는지에 대한 이해가 부족했기 때문이다. 2021년 11월, 구글은 시가총액이 2조 달러를 돌파했다. 마이크로소프트와 애플에 이어서 세 번째 규모고, 우리나라 코스피 시가총액과 비슷한 수준이다. 같은 시기에 카카오그룹은 시가총액 100조를 넘겼다. 실로 어마어마한 규모다. 모든 사람의 스마트폰에 똑같은 앱이 있다는 것이 무슨 의미길래 이렇게 큰 규모로 성장한 것일까?

구글은 안드로이드 스마트폰을 이용하는 사용자의 행동

패턴을 파악할 수 있다. 예를 들어 인터넷으로 물건을 검색하면, 연관된 물건이 바로 광고로 등장한다. 인터넷 사용자의 정보를 수집하기 때문에 가능한 일이다. 또한 사용자가 구글 플레이로 어떤 앱을 구매하고 이용하는지 분석하여 개인 맞춤형 광고로 광고 효과를 극대화할 수도 있다.

카카오톡의 시작은 단순한 메신저였다. 그러나 사용자가 늘어나면서 카카오톡은 단순한 메신저의 형태를 넘어섰다. 처음에는 메시지를 주고받는 역할만 했지만, 이제 다른 사람들에게 선물할 일이 있으면 카카오톡에서 '선물하기'부터 찾는다. 카카오톡으로 '기프티콘'을 주고 받지 않아본 사람은 없을 것이다. 식당에서 밥을 먹을 때도 카카오톡으로 더치페이를 한다. 카카오톡으로 쇼핑도 하고, 물건도 나눈다. 돈을 송금할 때도, 궁금한 정보가 있을 때도 사람들은 카카오톡을 먼저 살펴본다. 이처럼 카카오톡에서 발생하는 수많은 정보를 활용한 덕분에 카카오그룹이 성장할 수 있는 것이다.

구글이나 카카오 같은 플랫폼 기업에서 저장하는 대량의 정보를 빅데이터라고 부른다. 플랫폼을 선점한다는 것은 빅데이터를 축적할 수 있다는 의미기도 하다. 빅데이터를 통하면 더욱 정확한 개인 맞춤형 광고로 소비자의 구매 욕구를 자극할 수 있고, 적재적소에 필요한 서비스를 제공할 수도 있다.

구글과 같은 플랫폼 기업의 힘은 데이터에 있다.

빅데이터가 큰 매출로 이어지는 것은 너무나 당연한 일이다.
이게 바로 플랫폼의 힘이다.

메타버스에 뛰어드는 기업들

미국의 CNN 방송은 2021년 말 글로벌 투자 은행 골드만
삭스의 분석 결과를 바탕으로 'FAANG(페이스북, 아마존, 애
플, 넷플릭스, 구글)'이 물러나고, 'MANTA(마이크로소프트,
애플, 엔비디아, 테슬라, 알파벳(구글))'의 시대가 온다고 말
했다. MANTA는 원래 큰 가오리를 뜻하는데, 미래를 이끌어
갈 큰 기업이라는 의미도 있다. 여기에 포함된 기업들은 새로
운 시대의 플랫폼을 선점하기 위해 최선을 다하고 있다.

메타버스는 가상의 공간으로 연결되는 형태라서 플랫폼이라는 말보다는 세계라는 말이 적합하다. 나중에 메타버스가 좀 더 발전했을 때는 여러 메타버스를 통합할 수 있는 시스템이 나오겠지만, 그전에는 각 기업에서 자신만의 사용자를 확보하기 위해 힘을 기울일 것이다. 특히 미래 세대를 끌어들이는 것이 메타버스 사업의 핵심이다.

MANTA의 대표 기업인 마이크로소프트는 업무 활용에 중점을 둔 메타버스 플랫폼 '메시'를 출시했고, 최근에는 대형 게임 회사인 '액티비전 블리자드'를 인수한다고 발표했다. 마이크로소프트는 게임이 메타버스 플랫폼 개발에 중요한 역할을 한다는 사실을 알기에 게임에도 투자를 아끼지 않고 있다. 애플은 아이폰, 맥북, 애플워치에 이르기까지 모든 애플 제품이 연동되는 소프트웨어 생태계를 만들었다. 그리고 이 생태계를 메타버스로 확장하기 위해 AR과 VR 기능이 들어간 헤드셋을 출시할 계획이다. 엔비디아는 엔지니어들과 디자이너들이 3D 작업을 협업할 수 있도록 지원하는 메타버스 플랫폼 '옴니버스'를 발표했다. 이처럼 각 기업은 메타버스 플랫폼을 선점하기 위해 바쁘 움직이고 있다.

MANTA에 포함되지는 않았지만, 메타버스에 가장 적극적인 기업 중 하나가 바로 '메타'로 기업명을 바꾼 페이스북이다. 메타는 SNS뿐 아니라 메타버스 플랫폼으로 새로운 도약을 꿈꾸며 '호라이즌'을 내놓았다. 호라이즌은 VR 기기인 오큘러스를 착용하고 즐길 수 있으며, 사용자들과 옆에 있는 것처럼 대화가 가능한 메타버스 플랫폼이다. 2022년 3월, 호라이즌의 사용자 수는 30만 명을 돌파했다고 한다.

국내에서는 네이버가 메타버스에 가장 적극적으로 움직이고 있다. 네이버의 메타버스 플랫폼 '제페토'는 현재 3억 명이 사용하고 있으며, 사용자의 경제 활동을 통해 수익도 내고 있다. 사용자끼리 메타버스 공간을 만들어 공유할 수도 있고, 아

VR 기기로 유명한 '오큘러스 VR'은 메타(페이스북)의 자회사다. ⓒdronepicr

바타의 옷을 디자인하여 판매할 수도 있다. 이러한 경제 활동이 원활하게 이루어지려면, 우선 사람들이 즐겁게 참여할 수 있는 콘텐츠를 만들어서 사용자를 확보하는 것이 중요하다.

참고로 아이들이 가장 많이 사용하는 메타버스 플랫폼은 '로블록스'이며, 전체 사용자가 1억 5천만 명에 달한다. 2021년 기준으로 미국의 16세 미만 청소년의 55퍼센트가 로블록스에 가입했다고 한다. 로블록스 공식 홈페이지에서는 950만 명의 개발자, 2,400만 가지의 체험, 731억의 누적 참여 시간, 7억 6,130만 달러의 누적 개발자 수익 등의 정보를 게재하고 있는데, 메타버스 산업의 규모를 짐작할 수 있다.

현재 여러 메타버스 플랫폼에서 신규 사용자를 유치하기 위해 큰 노력을 기울이고 있다. 메타버스 플랫폼을 선점하여 빅데이터를 축적하는 것이 미래의 이익과 권력으로 연결되기 때문이다. 메타버스를 활용하는 세대가 앞으로 소비와 트렌드를 주도하게 될 것이기에, 메타버스 플랫폼 간의 경쟁은 더욱 심해질 수밖에 없다.

그리고 교육계도 메타버스에 많은 관심을 기울이고 있다. 코로나19 이후 각 교육청은 자체적으로 메타버스를 구축하고자 노력하고 있다. 미래 교육의 희망이라고 믿었던 온라인 교육의 한계를 코로나19로 몸소 경험했기 때문이다. 교육부에서도 최근 메타버스를 주요 정책 사업으로 제시하고 다양한 형태로 메타버스를 개발하고 있다. 여러 기업이 메타버스로 뛰어드는 모습에서 미래 사회의 변화를 인지했기 때문이다. 메타버스로 인한 변화가 사회 곳곳에서 시작되고 있다.

메타버스로 할 수 있는 일

현실에서 하는 일을 메타버스로!

메타버스에서는 도대체 무슨 일을 할 수 있을까? 왜 아이들은 메타버스에서 생활하는 걸까? 기업들은 메타버스로 무엇을 하려고 할까? 메타버스는 행사, 쇼핑, 공간 꾸미기, 강의, 공연, 친구와 만나기 등 현실에서 하는 거의 모든 일이 가능하다. 앞으로 또 어떤 일이 가능할지 아무도 모른다. 왜냐하면 사용자에 따라 메타버스의 사용법이 무한대로 달라질 수 있기 때문이다.

코로나19로 오프라인 행사가 취소될 때 메타버스에서는 각종 행사가 열렸다. 예를 들어 청와대는 코로나19로 취소될

어린이 날 행사를 진행한 마인크래프트의 청와대 맵

뻔한 어린이날 행사를 마인크래프트로 '청와대 맵'을 만들어
서 진행할 수 있었다. 지자체가 주관하는 행사가 메타버스에
서 열리기도 했다. 제페토에는 전주 문화를 소개하는 맵도 있
는데, 그 안에서 특산품을 사서 아바타를 꾸밀 수도 있다. 온
라인 공간에서 행사를 개최한 덕분에 외부 환경에 영향에 받
지 않고, 여러 행사가 예정대로 진행될 수 있었다.

　메타버스에서는 사용자를 대신해서 아바타가 옷이나 액
세서리 같은 다양한 아이템을 착용할 수 있다. 아바타는 현실
의 자신을 대변하기 때문에 다들 아바타를 꾸미기 위해 기꺼
이 돈을 낸다. 메타버스 안에서 아무런 아이템이 없는 사람은
헐벗은 느낌을 받는다. 한 아이는 아바타를 꾸미지 않는 것은

모두 머리카락이 있는데 자기만 머리카락을 몽땅 빼앗긴 것 같다고 표현했다. 메타버스 안에서는 현실보다 적은 비용으로 아바타를 마음껏 꾸미고, SNS에 공유하면서 놀 수 있다.

그리고 메타버스에서는 강의와 공연도 현장에 있는 것처럼 생생하게 참여할 수 있다. 메타버스 공연장에 입장하면 뒤에 앉아 보는 것이 아니라, 누구나 맨 앞자리에서 공연을 관람할 수 있다. 마스크를 쓰고 소리를 지르지 않는 코로나19 이후 공연장이 아니다. 메타버스를 통하면 집에서도 공연장의 열광적인 분위기를 얼마든지 만끽할 수 있다.

교육적인 측면에서 봤을 때, 코로나19로 인한 온라인 수업의 한계를 메타버스로 극복할 수 있었다. 실시간 화상 회의로 수업을 진행하면 얼굴은 볼 수 있지만, 서로 함께한다는 실재감이 떨어졌다. 온라인으로 수업을 진행하는 시간이 길어질수록 아이들은 카메라를 끌 때도 많았고, 혼자 스마트폰을 보며 웃음을 지을 때도 많았다. 컴퓨터 화면만 6시간이나 바라보고 있기란 학생과 교사 모두에게 너무 힘든 일이었다. 미래에는 재택수업이 가능하리라는 기대가 단번에 무너졌다.

대면을 할 수 없으니 아이들이 함께 문제를 해결하는 협동학습을 하기도 어려웠다. 그런데 메타버스 안에서는 오히

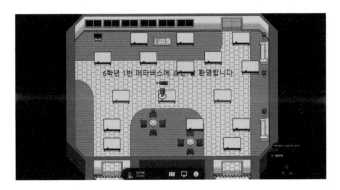
게더타운에서 수업을 진행한 온라인 교실의 모습

려 효율적으로 협동학습을 진행할 수 있었다. 아이들은 메타버스 공간에서 발표 자료를 실시간으로 공유하면서 친구들과 의견을 나누면서 교실 수업과 비슷하게 문제를 해결해나갔다. 메타버스를 통해 아이들은 함께하고 있다는 실재감과 자기주도적으로 문제를 해결해나갈 힘도 얻을 수 있었다. 이처럼 메타버스에서는 현실에서 하는 학습과 수업도 대부분 구현할 수 있다.

상상만 하던 일을 메타버스로!

메타버스에서는 현실에서 할 수 있는 일에 더해 상상만 하던 일도 얼마든지 이룰 수 있다.

현실에서는 춤을 배우기 위해 많은 시간이 필요하다. 하지만 메타버스에서는 마우스 클릭 한 번만으로 아바타가 방탄소년단(BTS)의 춤을 익힐 수 있다. 미국의 힙합 가수 트래비스 스콧이 '포트나이트'라는 게임 안에서 진행한 공연에서 관객들은 노래에 따라서 무대와 배경이 자유롭게 변하는 환상적인 체험을 할 수 있었다. 2021년을 뜨겁게 달군 드라마 〈오징어 게임〉도 메타버스에 구현되어서 누구나 드라마 속 게임에 실제로 참여할 수 있다. 현실에서 몇억씩 주어야 하는 나만의 집도 메타버스 안에서는 뚝딱 만들 수 있다.

메타버스를 통해 안전 훈련, 과학 실험, 체험 학습, 다양한 교과 관련 게임도 할 수 있다.

안전 훈련은 항상 교사에게 딜레마다. 꼭 해야 하지만 아이들을 상황에 몰입하게 만들기 어렵기 때문이다. 지진이나 화재 대피 훈련을 하면 아이들은 대피로와 대피 방법만 알게 된다. 방송을 통해 움직이지만, 실제 상황에서 얼마나 도움이 될지는 의문이다. 하지만 메타버스에서는 훈련 상황을 보다 현실감 있게 만들어낼 수 있다. 로블록스나 마인크래프트에서는 지진이 일어나는 것과 비슷한 효과도 가능해서 학생들이 더 쉽게 상황에 몰입할 수 있다.

요즘에는 화산 실험이나 알코올램프 관련 수업은 사고의 위험성을 이유로 점차 축소하고 있다. 별자리를 관찰하는 수업도 아이들이 이론적으로만 이해하기에는 한계가 있다. 그러나 메타버스와 함께 AR, VR 자료를 접목하면 이러한 과학 실험과 관찰 수업도 안전하고, 쉽게 접근할 수 있다.

체험 학습도 마찬가지다. 멀리 경주까지 직접 가는 것이 아니라, 교실에서도 메타버스를 통해 경주를 탐방하고 포석정 나무 그늘에서 쉬는 장면을 연출할 수 있다. 그리고 세계의 유명한 유적지 한가운데 있는 것처럼 표현할 수도 있다. 이러

메타버스를 활용하여 다양한 체험 학습도 할 수 있다.

한 몰입감은 아이들이 학습 내용을 더 쉽게 이해할 수 있도록
한다.

이외에도 아이들이 좋아하지만, 교실에서 구현하기 어려
운 방탈출 게임도 가능하다. 각 공간을 탐색하며 친구들과 문
제를 풀고 비밀번호를 조합하여 탈출하는 것도 메타버스에서
쉽게 만들 수 있다. OX 퀴즈도 아바타를 움직여서 더 재미있
게 할 수 있고, 스파이 게임이나 술래잡기도 더 실감 나게 할
수 있다.

이처럼 메타버스에서는 현실에서 하는 일과 상상만 하던
일이 모두 가능하다. 메타버스는 공간과 시간의 제약을 극복
하는 좋은 대안이 될 수 있으며, 사회와 교육 현장도 바꾸어
놓을 수 있다.

메타버스 네이티브가 온다

디지털 시대에 태어난 아이들

교사 생활을 시작하면서 선배 교사님에게 "세상 정말 좋아졌다"라는 말을 많이 들었다. 예전에는 교실이 부족해서 오전반, 오후반으로 나누어 등교했다거나, 칠판과 분필 하나만으로 하루 종일 수업을 해야 했으며, 아이들의 통지표와 생활기록부를 손으로 쓰다가 틀리면 다시 처음부터 작성한 적도 있었다고 한다.

그렇다면 지금은 어떨까? 어른들이 컴퓨터가 없는 삶을 상상할 수 없듯이, 10년생은 스마트폰과 메타버스가 없는 삶을 상상할 수가 없다. 말 그대로 '태어났더니 메타버스가 있었다'가 10년생의 상황이다. 그래서 아이들은 메타버스에 익숙하다. 아이들은 태어나자마자 메타버스 안에서 살고 있는 원주민으로, 메타버스 네이티브(Native)라고 부를 수 있다.

태어날 때부터 디지털을 접한 세대를 디지털 원주민, 디지털 네이티브라고 한다. 디지털 네이티브라는 표현은 논문에서 처음 사용하기 시작했는데, 메타버스 네이티브 보다 앞선 세대에게 사용한 단어다. 현재 디지털 네이티브는 MZ세대(1981년부터 2010년까지 출생한 세대를 지칭)로 불리면서 사회에서 활동하고 있다. 그들은 디지털 네이티브답게 컴퓨터와 스마트폰을 자유자재로 활용하면서 살고 있다. 다이어리 대신 태블릿PC를 사용하고, 편지 대신 SNS으로 소통하고, TV 대신 유튜브를 본다.

예전에는 휴대폰을 사면 종이 설명서가 첨부되었다. 하지만 스마트폰이 등장하면서 종이 설명서는 자취를 감추었다. 스마트폰의 직관적인 인터페이스 덕분에 만지다 보면 금방 사용법을 배울 수 있기 때문이다. 다른 가전제품도 마찬가지다. 각 기업의 홈페이지에 들어가서 설명서를 내려받거나 사용법을 영상으로 확인할 수 있다. 이제 스마트폰을 사면서 종이 설명서를 찾는 사람은 없다. 우리가 그렇게 디지털에 적응했듯이, 이번에는 메타버스에 적응할 시간이다.

메타버스 네이티브인 아이들이 사는 세상은 현실과 가상이 혼재된 세계다. AR과 VR 기술을 자유롭게 사용하는 세계. 그것이 이상하다고도 느껴지지 않는 세계에서 우리는 아이들과 함께 살고 있다. 휴대폰에 종이 설명서가 있었다는 사실조차 모르는 아이들. 집에 전화기가 있었다는 사실조차 모르는 아이들. 이제 메타버스가 없던 세상은 상상조차 하지 못하는 아이들이 우리 앞에 서 있다. 이 아이들이 메타버스 네이티브, 10년생이다.

교사로서 아이들과 수업할 때마다, 아이들의 기기 활용 능력에 매번 감탄한다. 스마트폰 화면을 TV와 연결하려면 교사들은 한참 걸리는데, 아이들은 1분도 안 되어 뚝딱 연결한다. 영상 편집을 가르쳐주려고 했는데, 아이들은 이미 영상을 편집하고 있다. AR과 VR의 개념을 알려주고 관련 활동을 시작하려고 할 때, 몇몇 아이들은 AR과 VR을 먼저 체험하고 있다. 메타버스라는 개념을 설명하면, 아이들은 이미 메타버스에서 활동하고 있다.

아이들과 함께 관련 활동을 해보지 않으면, 아이들이 얼마나 자유롭게 메타버스를 활용하는지 믿을 수 없을 것이다. 교사인 나는 메타버스 이주민이라는 사실을 매 순간 뼈저리게 느끼고 있다.

메타버스 네이티브의 특징

디지털 네이티브가 디지털 기기를 두려워하지 않는 것이 특징이라면, 메타버스 네이티브는 디지털 기기뿐 아니라 메타버스를 탐험하는 것도 두려워하지 않는다. 아이들은 메타버스에서 자신감을 가지고 능숙하게 활동한다.

교실에서 항상 소극적으로 뒤로 물러나는 아이들이 메타버스에서는 적극적으로 나선다. 교실에 들어오기 겁나서 교실 문밖을 서성이는 아이가 메타버스에서는 다른 친구들과 적극적으로 의견을 나누면서 활동했다. 관심을 끌려고 수업 시간에 엉뚱한 소리를 내는 아이도 메타버스에서는 공간을 만들고 꾸미는 데 집중했다.

아이들은 메타버스에서 새로운 모습을 보이고 즐기는 것을 두려워하지 않는다. 어른들이 도와줘야 한다고 외쳐왔던 부진아의 정의가 이제는 바뀌어야 할지도 모른다.

메타버스 네이티브의 또 다른 특징은 소비자가 아니라 생산자의 위치에 있다는 것이다. 교실에서 아이들에게 꿈을 물어보면 절반은 유튜브 크리에이터라고 말한다. 유튜브를 보면 아이들이 "구독과 '좋아요'를 꾹꾹 눌러주세요"라고 말하는 것을 어렵지 않게 볼 수 있다. 많은 아이가 콘텐츠를 만들

메타버스 크리에이터도 아이들이 선망하는 직업 중 하나다. ⓒZEPETO

어서 유튜브에 올리고 있다. 음악을 작곡해서 올리기도 하고, 동생과 영어 인형극을 한 영상을 올리기도 한다. 아이들은 본능적으로 아이디어를 생산하고, 다른 사람들과 그 경험을 공유하는 것을 즐긴다.

특히 메타버스에서 활동할 때 나오는 아이디어의 양과 질은 어른들의 상상을 초월한다. 메타버스 네이티브는 소비자에서 생산자가 되어서 경험을 나누고, 다른 사람과의 연결을 중요시한다. 아이들은 이미 메타버스와 디지털 기기를 활용하여 생산 활동을 경험하고 있다. 기성세대가 TV를 보면서 수동적으로 받아들였다면, 아이들은 유튜브에서 자기가 볼 영상을 직접 선택하거나 영상을 직접 만들어서 공유하는 게

익숙하다. 기성세대와 다르게 아이들은 자신의 의견을 적극적으로 표현한다.

마지막으로 메타버스 네이티브는 교실보다 온라인에서 협업하는 것에 더 익숙하다는 사실이다. 인터넷을 활용할 수 있는 환경에서 아이들은 더 생산적으로 아이디어를 낸다. 교실에서 책으로 해결할 수 없는 문제가 있으면 인터넷 검색으로 답을 찾아낸다. 아이들은 온라인으로 구글 프레젠테이션과 같은 프로그램을 능숙하게 활용하고 공유한다. 어른들은 온라인 협업을 답답하게 여기지만, 아이들은 오히려 온라인 협업을 편하게 느끼고, 온라인에서 적극적으로 활동한다.

지금까지 메타버스가 무엇이며, 메타버스 네이티브의 특징을 알아보았다. 하지만 부모님이 보기에 메타버스라는 낯선 세계에 빠진 아이가 걱정스러울 것이다. 마치 물가에 내놓은 아이처럼, 아이가 발을 살짝만 헛디뎌도 물에 빠질 것처럼 위태로운 느낌을 받는다. 처음 인터넷이 도입되었을 때도 아이들이 잘못된 길로 빠질까 봐 걱정하는 마음이 앞섰다.

현재 어른들은 메타버스의 긍정적인 면보다 부정적인 면만 강조하며 두려워하고 있다. 어른들이 두려워서 어떻게 가르쳐야 할지 고민하는 동안 아이들은 메타버스 안에서 이미 생활을 시작했다. 어른들도 이제 메타버스를 제대로 알아야 한다. 그래야 아이들과 함께 살아갈 수 있다.

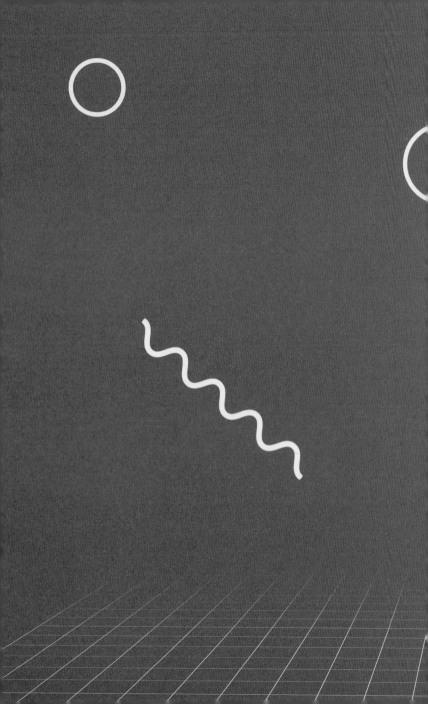

2장

메타버스로 인한
세대 차이

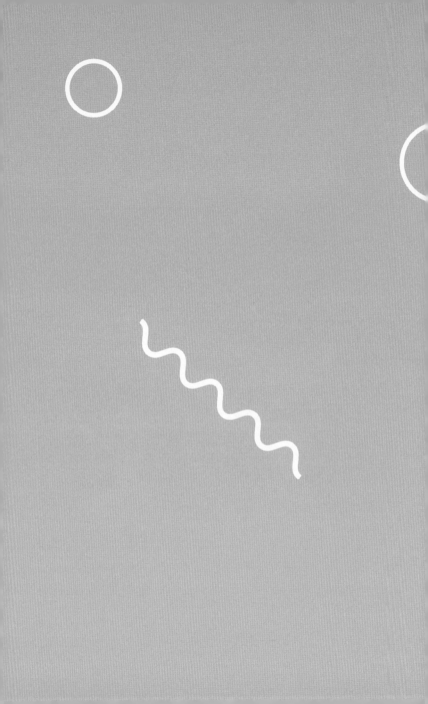

우리 아이 좀 말려주세요

메타버스와 함께할 하루

"좋은 아침입니다. 서준 님. 오늘은 과학 실험이 있는 날입니다. AR 글라스를 꼭 챙겨주세요."

인공지능 알람을 들으며 다른 날보다 많이 설레며 침대에서 일어났다. 오늘은 기다리고 기다리던 과학 실험이 있는 날이다. 책상 위에 떠 있는 투명 스크린에서 준비물을 하나씩 확인해가며 가방을 챙겼다. AR 글라스를 소중히 가방에 넣어두고 주방으로 향했다. 아빠는 AR 글라스의 증강현실을 활용해서 신나게 요리하고 있다. AR 글라스를 착용하면 손 위에 재료의 양과 요리하는 방법이 표시된다. 그리고 유명 요리사의 손동작이 나오면 그 손동작을 따라 실제 손을 움직이면 된다. AR 글라스로 아빠의 요리 솜씨가 정말 많이 좋아졌다. 아빠가 요리하다 말고 나를 쳐다봤다. AR 글라스를 통해 내 영양상태를 살펴보고 있는 것이 분명하다.

"나 멸치 안 먹어. 진짜야. 충분히 키 크다고."

하지만 아빠의 손에는 어김없이 멸치가 들려 있다.

"키가 아직 한참 모자란다고 서준이 머리 위에 뜨는데. 멸치를 많이 섭취하면 좋대."

아, 기술의 발전이 마냥 좋지는 않다. 숨기고 싶은 정보들도 어김없이 띄워준다. 내 나이와 키를 측정하여 성장에 좋은 음식을 보여주는데, 하필 내가 제일 싫어하는 멸치가 나왔다. 그래도 몸에 좋다니 열심히 먹어본다.

아침밥을 먹고 엄마와 함께 자동차에 올라탔다. 자동차에 부착된 모니터에서 오늘 공부할 내용이 나왔다. 반쯤 감긴 눈으로 내용을 보고 있는데, 우리 반 진희의 아바타가 말을 걸었다. 오늘 과학 실험이 기대된다고, 화산 실험이 어떨지 너무 궁금하다고 했다. 나도 아바타로 기대된다고 말하고, 진희와 신나게 수다를 떨었다.

어느덧 학교에 도착했다. 드디어 화산 실험을 할 수 있다. 화산 실험은 실제로 하면 위험하지만, AR과 VR을 활용하면 안전하게 실험할 수 있다.

우선 AR 글라스를 착용하고 화산 모형으로 실험을 했다. 액체가 뿜어져 나오는 모습이 정말 멋졌다. 그런데 이런. 너무 많이 액체를 부었나 보다. 위험 표시가 뜨면서 소리가 요란하게 울렸다. 얼른 수습하기 위해 양을 다시 조정했다. 가상 공간이길 천만다행이었다. 실제였다면 다쳤을지도 모른다.

다음은 메타버스로 들어가 실제 화산 활동이 일어나는 곳으로 가보았다. VR 헤드셋을 착용하고 보니 진짜 화산 앞에 있는 듯한 느낌이 들었다. 뜨겁게 일렁이는 용암을 보니 무섭기도 하고 신기하기도 했다. 가상 공간에서도 열기가 전해지는 것 같았다. 역시 기대했던 대로 멋지다.

이 멋진 실험을 그냥 넘어갈 수 없어서 SNS에 올릴 인생 사진을 찍었다. 수업이 끝나자마자 곧장 SNS에 사진을 올리고, 메타버스 안에 있는 내 방을 폭발하는 화산처럼 꾸몄다. 방에 친구들도 초대했는데 다들 화산을 보고 감탄했다. 친구들은 화산을 더 멋지게 바꿀 수 있는 아이템도 주고, 방을 꾸미는 걸 도와주었다. 폭발하는 화산 속에 우리만의 비밀기지가 탄생했다. 정말 환상적인 날이었다. 내일은 또 어떤 수업을 하게 될까?

앞으로 메타버스와 함께할 아이들의 하루다. 불과 몇 년 전만 해도 원격 수업과 재택근무가 일상화되리라고 누가 생각이나 했을까? 인터넷도 처음 등장했을 때는 세상을 이렇게 바꾸어놓을 것이라고 누가 예측할 수 있었을까? 지금까지 세상을 변화시킨 기술들처럼 메타버스도 세상을 서서히, 그리고 거대하게 바꾸어놓는 중이다.

메타버스는 현실과 가상의 삶을 연결한다. 아이들은 현실과 메타버스를 자유롭게 넘나들고 있다. 그러나 부모님은 메타버스를 무조건 막으려고 하기에 갈등이 일어나고 있다. 메타버스에서 일어나는 세대 갈등을 살펴보고자 한다.

메타버스는 게임과 다르다

"선생님, 민수 자요. 어제 또 게임 했나 봐요."

초등학교 6학년인 민수는 자꾸 학교에서 잔다. 사실 중학생도 아닌 초등학생 아이들이 교실에서 자는 경우는 많지 않다. 불러서 얘기해보니 밤새 로블록스를 했다고 한다.

"선생님. 애가 사춘기인가 봐요. 제 말은 듣지도 않고 게임만 해요."

초등학교 5학년 지수 엄마는 상담에 와서 걱정거리를 털어놓는다. 아이가 집에 와서 게임만 하고 대화를 안 한다고 한다. 엄마가 아이 방을 살짝 들여다보니 이상한 게임에서 다른 어른들과 자꾸 얘기하는 것 같아 걱정이라고 한다.

초등학교 교실이나 중학교 교실에서 게임 이야기는 빠질 수 없는 주제다. 게임 하는 시간을 일주일에 두 번 30분으로 정했지만, 아이는 항상 시간이 부족하다고 목멘다. 하지만 게임을 해본 사람이라면 누구나 30분이 얼마나 짧고 애태우는 시간인지 안다. 특히 메타버스는 더욱 그렇다. 한번 시작하면 끝내기가 어렵다.

그런데 선생님이나 부모님은 아이가 게임을 하는 순간부터 시간을 재고 시간이 지나면 바로 게임을 끄라고 재촉한다. 이렇게 할수록 메타버스에 대한 아이의 목마름이 더욱 강해진다. 점점 반항도 시작하고 엄마 몰래 게임을 하기도 한다. 어릴 때는 엄마가 나가면 언제 오냐고 기다리며 전화를 했지만, 이제는 엄마가 언제 들어오는지 걱정하며 전화를 한다. 엄마가 없는 시간은 하고 싶은 것을 마음껏 할 수 있는 시간이기 때문이다.

부모님들은 사춘기 아이들과 갈등이 생기는 걸 원치 않지만, 게임을 못 하게 하고 싶어서 아이들과 계속 대립한다. 이러한 고민을 말하는 부모님들에게 역으로 물어본 적이 있다.

"게임을 하는 게 어떤 부분에서 걱정되세요?"

"공부를 안 하니까요. 하루 종일 게임만 하려고 한다니까요. 또 나쁜 길로 빠질까 봐 그렇지요."

정말 아이들이 게임을 하면, 공부도 안 하고 나쁜 길로 빠지게 될까? 그렇다면 아이들은 게임에 대해서 어떻게 생각하고 있을까?

교실에서 아이들과 메타버스와 관련하여 한창 의견을 나누다가 갑자기 한 아이가 대뜸 묻는다.

"선생님, 근데 요즘 유행하는 게임이 뭔지 알아요?"

"로블록스, 마인크래프트 이런 거 아니야? 선생님도 재밌던걸. 그걸 요즘은 메타버스라고 한다."

"와, 선생님 어떻게 알아요? 우리 엄마는 맨날 해보지도 않고 하지 말라고 하는데. 맨날 하지 말래요."

"와, 우리 엄마도 똑같아. 할 만하면 끄라고 한다니까. 내가 알아서 끌 수 있는데."

"근데 선생님. 마인크래프트 진짜 좋은데 이용자가 폭망이에요. 썩었어요."

"왜?"

"함부로 욕하고, 남의 것 가져다 쓰고 해요. 진짜 나쁘지 않아요? 그래서 요즘은 그런 사람 피해 다녀요."

아이들은 어른들이 생각하는 것보다 훨씬 성숙한 사고를 하고 있다. 메타버스를 이용하면서 욕하는 것이 나쁜 것이라고 잘 알고 있고, 다른 사람의 콘텐츠를 베끼는 행동이 비겁하다고 생각한다. 아이들은 메타버스에서 그렇게 행동하는 사람을 만나면 피하려고 한다. 그리고 게임에 돈을 쓰는 것을 뜻하는 '현질'이 아깝다고 생각하면서, 시간을 아끼기 위해서는 어쩔 수 없다고도 생각한다.

하지만 어른들은 메타버스에서 지켜야 할 규칙이나 행동을 상세히 말해주지 않는다고 말한다. 어른들은 제대로 해본 적이 없어서, 아무것도 알려 줄 수가 없다. 그래서 아이들은 어른들과 점점 멀어져 간다. 아이들의 생각과 마음을 모른 채 어른들은 메타버스를 단순한 게임으로 취급하고 일단 못 하게 할 뿐이다.

부모님들은 아이들이 공부를 잘하려는 마음이 없다고 착각한다. 그러나 아이들은 누구보다 공부를 잘하고 싶고, 부모님과 선생님에게 칭찬도 받고 싶어 한다. 그런데 교실에서 공부로 칭찬받을 수 있는 아이들은 소수다. 초등학교 3학년만 지나도 공부 관련 칭찬을 할 수 있는 아이는 손에 꼽는다. 아이들은 이러한 인정 욕구를 어디에서 충족할 수 있을까? 바로 자신이 잘하는 것, 보상이 즉각적으로 나타나는 게임이다. 특히 메타버스 안에서는 아이들은 무엇이든 만들 수 있고, 자기가 원하는 대로 세상을 꾸밀 수 있다. 메타버스는 아이들이 성취감과 자신감을 느낄 수 있는 공간이다.

아이들은 대부분 로블록스와 마인크래프트를 많이 한다. '리그 오브 레전드'처럼 어려운 게임에 뛰어드는 아이들도 있지만, 첫 게임은 가벼운 게임으로 시작한다. 부모님들도 총 쏘는 게임보다는 나을 것 같아서 쉽게 허락해주는 편이다. 그런데 그 뒤가 문제다. 메타버스 안에는 아이들이 잘할 수 있는 것들이 다양하게 존재하고 있다. 아이들은 평소 현실에서 듣는 칭찬보다 온라인상에서 듣는 칭찬이 더 크기 때문에 메타버스에 빠질 수밖에 없다.

그러나 대부분 부모님은 아이가 게임을 많이 한다는 표면적인 사실에만 주목한다. 그 안에서 사회적 교류와 창작 활동이 일어나는 것에 대한 이해가 없다. 칭찬과 인정을 원하는 아이의 욕구를 모른 채 무조건 '게임 하지 마'라고 강요하니 대립하게 되는 것이다.

소통과 인정이 핵심이다

메타버스를 가지고 아이들과 대립하지 않으려면 대응 방

식을 바꿔야 한다. 부모님이 아이에게 얼마나 관심을 가지느냐에 따라서 아이와 갈등을 줄일 수 있다. 아이는 부모님과 대화가 통하지 않는다고 생각하면 말을 줄인다. 서로 말이 없으니 오해가 더 커지게 된다. 아이들이 사춘기에 입을 닫고 자기만의 세계에 빠져버리면 대처하기 더욱 힘들다. 그렇다면 메타버스로 아이들과 대립하지 않고, 아이들과 마음이 통하기 위해서는 어떻게 해야 할까?

첫 번째로, 메타버스를 대화와 소통의 도구로 활용한다. 선생님 중에 초등학교 4학년 아들에게 닌텐도에서 나온 게임기 '스위치'와 게임 '모여봐요 동물의 숲'을 사주고, 아들과 함께 메타버스 공간을 만든 분이 있다. 그 선생님은 아이가 메타버스에서 무언가를 만들고 꾸미는 모습을 응원했다. 현재 6학년인 그 아이는 지금도 동물의 숲을 주제로 엄마와 깔깔거리며 즐겁게 대화를 나눈다.

게임이라고 못 하게 하기 전에, 메타버스를 사용하는 아이의 마음을 이해하는 것이 중요하다. 아이들은 사춘기가 되면서 자아 정체성에 혼란을 느낀다. 자신이 누구며, 주변에서 자신을 어떻게 보는지 예민하게 반응한다. 이때 부모님보다는 친구가 자신을 지지해주기를 원하는데, 아이들은 친구와 함께 더 많은 시간을 보내기 때문이다. 아이들의 주된 관심사도 자연스럽게 친구가 무엇을 하느냐에 따라서 결정된다. 친구가 메타버스를 재미있다고 말하면, 아이는 친구와 같이 메타버스를 해본다. 메타버스에서는 무언가를 만들어 서로 자랑할 수 있다. 이 과정에서 아이들은 친구에게 인정받는 경험을 한다.

이때 부모님도 아이를 인정해주는 게 중요하다. 그렇게 하려면 아이한테 잔소리를 늘어놓기 전에, 아이가 빠져 있는 메타버스를 직접 해봐야 한다. 어떻게 해야 할지 모르면 아이한테 물어보면 된다. 어려운 점이 있으면 아이에게 부탁도 해본다. 부모님에게 자신이 한 것을 인정받으면, 아이들은 잘하고 싶은 마음이 더욱 샘솟는다. 아이가 메타버스에 더 빠지면 어떻게 하냐고 걱정할 수도 있는데, 오히려 그 반대다. 아이들은 메타버스만이 아니라 부모님에게 인정받을 수 있는 다른 것들을 현실에서 찾는다. 그리고 스스로 계획을 세워 실천하기 시작한다. 메타버스 시대의 사춘기 아이들에게는 인정이 핵심이다.

두 번째로, 아이가 '해야 할 일'과 '하고 싶은 일'의 경계 세우기다. 현명한 부모님은 일과를 정할 때 아이가 자라는 데

동물의 숲은 나만의 공간을 만들어서 사람들을 초대할 수 있다. ⓒNintendo

꼭 필요한 수면 시간, 공부하는 시간, 숙제하는 시간, 집안일을 돕는 시간 등을 먼저 결정한다. 그 후 아이에게 메타버스를 하는 시간을 정하도록 한다. 이때 아이가 '해야 할 일'을 잘 끝내도록 부모님이 격려하는 게 중요하다. 이처럼 아이가 시간 계획을 세우고 규칙적인 생활이 습관화되면, 그 안에서 메타버스를 즐기도록 하는 것이다.

아이들도 어른들처럼 쉬면서 스트레스를 푸는 창구가 필요하다. 그것이 친구와 함께 노는 시간일 수도 있고, 전화로 연락하는 시간일 수도 있고, 메타버스에서 접속하는 것일 수도 있다. 아이들도 마음 편히 쉴 수 있는 시간을 줄 필요가 있다. 단, 아이가 할 일을 모두 마치고 생활 습관이 깨지지 않도록 초반에는 부모님이 시간을 조정해야 한다.

마지막으로, 메타버스에서 만든 결과물을 함께 공유하는 시간이다. 아이들은 메타버스에서 자기가 만든 결과물을 다른 사람들과 공유하고 싶어 한다. 인터넷상의 모르는 사람이나 친구가 아니라, 가장 인정받고 싶어 하는 대상인 부모님에게 공유하게 만드는 것이다. 부모님은 이 기회를 놓치지 않고, 아이가 결과물을 세상과 연결하도록 질문을 던져야 한다. "이걸 만들면서 무슨 생각을 했니?" "사람들의 반응은 어땠니?" "어떤 부분을 보완하고 싶니?" "종이에도 그려볼 수 있니?"와 같이 메타버스 결과물을 아이와 소통하는 매개체로 만드는 것이다. 그러나 꼬치꼬치 캐물으면 곤란하다. 부모님에게 메타버스에서 만든 결과물을 인정받고 편안한 분위기가 조성되면 아이는 자연스럽게 마음을 열고, 메타버스도 좀 더 가볍게 대한다.

학교에서 아이들과 함께 만든 메타버스 공간을 전시하고, 온라인으로 부모님들을 초대한 적이 있다. 집에서 매일 컴퓨터만 붙잡고 게임만 하는 줄 알았던 아이가 만든 결과물을 보고, 부모님은 다들 놀라워했다. 다음날 아이들은 교실에서 밝은 표정으로 하루 종일 부모님이 자기에게 어떻게 말했는지 끊임없이 말하고 다녔다. 결과물을 공유하는 시간은 그래서 중요하다. 메타버스를 게임으로만 치부할 것이 아니라 아이가 메타버스 안에서 어떻게 활동하는지 생각해봐야 한다.

메타버스를 단순히 게임으로 취급하고 갈등의 매개체로 바라볼지, 아니면 소통과 인정의 매개체로 바라볼지는 부모님이 세상을 보는 관점에 달려 있다. 이제 세상은 바뀌고 있다. 마냥 책상에 앉아서 주어진 학습 과제를 외우는 것만으로는 성공하기 어렵다. 지금은 콘텐츠를 창작하고, 생각을 자유롭게 표현하고, 타인의 생각을 발전시키는 사람들이 성공하는 시대다.

메타버스의 등장으로 수많은 기회가 탄생하고 있고, 아이들은 메타버스로 인한 변화를 온몸으로 경험하고 있다. 부모님과 교사의 적절한 개입과 지도가 있다면, 아이들의 성장은 더욱 빛을 발할 수 있다. 지금 같은 시대에 마냥 게임을 막는다면 오히려 아이의 성장을 방해하는 일이 될지도 모른다.

메타버스를 모르는 어른들

메타버스는 나쁘지 않다

"엄마가 뭘 안다고 그래?"

"다른 애들도 다 한단 말이야."

"엄마는 메타버스 해보기나 했어?"

아마 10년생 아이들에게 어른들이 가장 많이 듣는 말은 "뭘 안다고 그래?"일 것이다. 아이들은 이제 컸다고 곧잘 반항한다. 가끔은 가슴을 스치는 아린 말도 내뱉는다. 아이들의 말은 감정적이지만 얼핏 논리적이기도 하다. 부모님들은 아이들의 단순하지만 예리한 지적에 말문이 막힌다. 물론 아이 앞에서 티를 낼 수 없다. 그중에서 "다른 애들도 다 한단 말이야"는 마법의 말이다. 확신에 찬 부모님의 교육에 틈을 보이게 하는 마법의 말. 다른 아이들은 다 하는데 우리 아이만 하지 않아서 따돌림을 당하는 것은 아닌지, 혹시나 아이가 소외감을 느끼지는 않을지 걱정이 앞선다. 은근슬쩍 모르는 척 넘어가 주고 싶은 마음이 그득하다. 하지만 이내 마음을 다잡고 모진 소리를 내뱉는다.

"어른이 말하는데 말이 왜 이렇게 많아? 얼른 공부나 해!"

어느 가정에서나 일어날 법한 이러한 상황을 말해주면, 아이들은 자지러진다.

"와, 선생님 우리 집 와봤어요?" "우리 엄마랑 똑같아"라고 감탄을 내뱉으며 깔깔거리다가 이내 진지해진다.

"근데 진짜 엄마가 한번 해봤으면 좋겠어요. 그렇게 나쁜 것도 아닌데."

아이들의 진지한 말을 듣고 있으면 속상하지만, 한편으로는 난감하기도 하다. 아이가 하지 않았으면 하는 행동을 직접 해보는 부모가 몇이나 될까? 부모님이 아이의 행동을 규정하는 기준은 대부분 자신의 주관적인 느낌이나 경험을 바탕으로 한다. 아이가 메타버스를 하면서 시간을 보내는 모습을 싫어하는 것도 부모님의 경험과 관련이 있다. 부모님 자신이 어린 시절에 게임을 하면서 공부를 못한 것을 후회하거나, 게임

자체를 싫어하는 경우다. 아이가 하는 게임을 해보고 장단점을 구체적으로 말해주는 부모님은 거의 없다. 그저 아이가 통제를 벗어날까 봐 게임을 반대할 뿐이다.

교사 생활을 하다 보면 부모님이 아이를 바라보는 시각에서 안타까움을 많이 느낀다. 대부분 아이가 어른처럼 스스로 책임지고 자율적으로 행동하길 바라면서도, 어리니까 통제가 필요하다고 생각한다. 이러한 상반되는 시각을 가진 탓에 아이들과 자꾸 충돌이 생긴다. 사춘기 아이들은 자기 자신에 대한 생각도 아직 정리되지 않아서, 부모님의 이러한 시각에 더욱 거부감을 느낀다. 자기도 스스로 하고 싶지만, 아직 할 수 있는 일이 제한적이라고 생각하기 때문이다.

아이들은 어른들과 마찬가지로 혼란스러운 상황이 닥치면 균형을 잡으려고 한다. 취미 생활도 하고 싶고, 마음 둘 곳을 찾는다. 어른들은 자전거도 타고, 골프도 치고, 그림도 그리고, 노래도 배우면서 다양한 활동을 할 수 있다. 시간과 돈이 한정적인 아이들이 가장 쉽게 접할 수 있는 균형점이 바로 메타버스다. 아이들은 메타버스에서 자기가 하고 싶은 대로 마음껏 아바타를 꾸미거나 공간을 만들면서 성취감을 느낀다.

그리고 학습과 관련한 활동도 메타버스에서 적극적으로

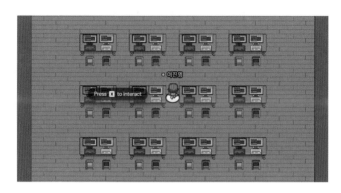

아이들이 게더타운에서 직접 만든 컴퓨터실

참여한다. 아이들은 수업을 위해 메타버스 안에서 컴퓨터실도 구현해서 관련 자료도 찾아보고, 퀴즈도 넣어서 다른 학생들이 검색해서 풀 수 있게 만들기도 했다. 이처럼 아이들은 메타버스에서 어른들이 상상할 수 없는 참신한 아이디어를 자유롭게 구현해낸다. 이러한 상황에서 부모님이 말린다고 그 말을 순순히 듣겠는가? 메타버스는 말린다고 해서 멈출 수 있는 게 아니다.

부모님과 교사가 해야 할 일

메타버스 관련 교육으로 세대 간의 차이를 좁혀나갈수록 아이들의 표정은 점점 밝아진다. 아이들이 "선생님, 우리 엄마한테 무슨 말 했어요?"라고 물으면, "그냥 너 학교에서 너무 잘한다고 했는데"라고 웃으면서 말해준다. 그 말을 듣고 아이들은 배시시 웃으며 자리로 가서 해야 할 일들을 해낸다. 부모님과 교사의 어떤 행동이 아이를 변화시킬 수 있을까?

첫 번째로, 아이가 몰입하고 있는 메타버스에 함께 들어가야 한다. 부모님들이 걱정할 때 마냥 걱정하지 말고, 일단 한 번 들어가 보라고 한다. 걱정하는 선생님들한테도 우선 들어가 보라고 한다. 아이들이 사용하는 메타버스에 바로 접속하기 전에, 수업에서 활용하는 메타버스를 상담 시간에 부모님에게 직접 보여주면서 설명한다. 물론 가정통신문이나 다양한 방법으로 안내하고 있지만, 교사가 직접 보여주는 것은 차원이 다른 문제다. 부모님이 자기 생각하고 다른 메타버스의 모습을 확인한 후에, 아이가 하는 메타버스에도 접속해보라고 권유한다. 대부분 부모님은 그날 바로 아이가 하는 메타버스에 들어가 본다. 아니면 옆에서 지켜보기라도 한다.

부모님이 메타버스에 관심을 가지고 다가오면, 아이들은 우리 부모님이 이상하다 싶으면서도 이것저것 자세히 설명해준다. 아이들이 신나게 설명하는 걸 보는 부모님은 기가 막힌다. 공부를 이렇게 신나게 하지. 그래도 신나서 떠드는 아이의 말을 들어보면 메타버스가 생각보다 괜찮게 보인다. 아이들이 긍정적으로 반응하면 일단 첫 관문은 통과다.

두 번째로, 아이에게 메타버스에서 어느 정도 시간을 보내는 게 현실과 균형을 맞출 수 있는지 물어본다. 이 질문은 메타버스에서 함께하면서 아이의 심정에 충분히 공감한 다음 물어보는 게 좋다. 질문을 하면 아이들은 자기 말을 들어주는 것 같다는 사실에 기뻐서 시간을 아무렇게나 말한다. 하루에 2시간씩 하던 걸 일주일에 2시간이나 30분만 한다든가, 부모님이 보기에 비현실적인 답변을 내놓을 확률이 높다. 하지만 그건 너무 당연하다. 아이는 아직 시간을 조절하고 가늠할 능력을 갖추지 못했기 때문이다.

이때 부모님의 반응이 중요하다. 현실적으로 약속을 지킬 수 있는지 되묻고, 아이가 승낙한다면 일주일의 적응 기간을 갖는다. 이 기간에 아이는 실제로 시간 조절을 어떻게 해야 약속을 지킬 수 있는지 스스로 고민한다. 그 후 다시 얘기해 보면 현실적인 답이 나오게 된다.

세 번째로, 아이가 메타버스에서 사용하는 기술을 다른 곳에 어떻게 활용할 수 있는지 고민하게 만든다. 게임만 하는 아이가 커서 뭐가 될까 걱정하지 말고, 아이에게 그 질문을 돌리라는 뜻이다. 앞에서도 말했지만, 아이들은 어른들의 생각보다 훨씬 자율적으로 행동할 수 있기를 갈망한다. 물론 동시에 의존적이기도 하다. 아이들에게 자율적 동기는 엄청난 힘을 가지고 있다. 그래서 이것을 긍정적인 방향으로 돌릴 수 있도록 질문을 할 필요가 있다.

"지금 네가 하는 기술들을 실제 사회에서 어떻게 활용하고 있을까?" "그것과 관련된 직업들은 무엇이 있을까?"와 같이 아이가 메타버스에 매몰되지 않고, 메타버스를 기반으로 다른 활동과 관련지을 수 있게 독려하는 것이 필요하다. 아이도 충분히 자신에 대해 생각하고, 어떻게 살아갈지 고민하고 있다. 이때 부모님이 어떤 말을 해주느냐에 따라서 아이의 태도가 달라진다.

아이들이 메타버스에서 활동할 때 현재 삶과 균형을 맞출 수 있도록 계속 독려하고, 교과와 어떤 연계성이 있는지에 대해 끊임없이 질문해야 한다. 어른들이 메타버스에 관심을 가지고 행동할수록 아이들은 좀 더 편한 마음으로 메타버스에서 자기 생각을 마음껏 펼치게 된다. 만약 이러한 과정이 없다면 아이들을 아무런 보호 없이 자동차가 지나다니는 길가에 혼자 세워두는 것과 같다. 이렇게 옆에서 보조를 맞추는 것만으로도 아이들은 훨씬 성숙한 모습을 보여줄 수 있다. 새로운 프로젝트를 수행하고 싶어 하고, 그것을 자기 손으로 만들어 나가고 싶어 한다.

메타버스와 세상을 연결하는 질문을 건네면 아이들의 눈이 또랑또랑해진다. 아이들은 언제나 세상과 연결되기를 바라고 있다. 또 다른 자신이 되어 멋지게 자기 생각을 펼쳐 나갈 수 있기 때문이다. 생산자를 뜻하는 프로듀서(Producer)와 소비자를 뜻하는 컨슈머(Consumer)가 합쳐진 프로슈머(Prosumer)라는 말이 있다. 아이들은 메타버스 안에서 프로슈머로 활동하고 있다. 아이들의 프로슈머 활동을 멈추게 할 것인지, 아니면 더 성장하고 발전하는 데에 도움을 줄 것인지는 어른들의 손에 달려 있다.

메타버스를 해보지도 않은 채 아이들에게 무조건하지 말라고 강요할 것인가? 어른들은 진짜 메타버스를 모른다. 하지만 알아야 한다.

메타버스 네이티브와
이주민의 차이점

메타버스는 아이들의 추억이다

"선생님, 2002년 월드컵 때 우리나라가 잘했어요?"

세계 여러 나라와 관련한 수업을 할 때 2002년 월드컵에 대해 열띠게 얘기하면서 나온 질문이다. 아이들한테 "그때 우리가 이겼던 이탈리아 기억하지? 그 이탈리아가 여기 교과서에 나온 이탈리아야"라고 신나게 설명하며 그때를 기억하냐고 물었다. 아이들은 멍하니 내 얼굴만 바라봤다.

아차, 아이들은 2010년생이었다. 아이들의 멍한 표정을 보며 식은땀이 났다. 아이들이 태어나기 전에 일어난 일을 모르는 게 당연했다. 당황스러운 상황을 맞이하며, 문득 초등학교 때 열심히 '88 서울 올림픽'을 얘기하던 담임 선생님의 모습이 떠올랐다. 그 당시 어색한 분위기를 생각하니, 아마 우리 담임 선생님의 등에서도 식은땀이 흐르지 않았을까?

현재 교실에서는 종종 반대의 상황도 발생한다. 아이들이 메타버스를 말하면 선생님은 정신이 멍하다. 매일 "로블록스 했어요" "제페토 했어요"라고 메타버스에서 있었던 일을 말하는데, 아이들의 대화를 따라잡기 힘들다. 미래 사회의 변화를 얘기하다가 메타버스가 나오면, 아이들은 너도나도 자기가 이미 하고 있다고 난리다. 줌으로 화상 수업을 하고 있으면, 수업이 아니라 메타버스 방송을 열심히 보고 있는 아이도 있다. 심지어 게임 배경음악이 들려오는 일도 있는데, 모니터 너머 아이의 책상에서 무슨 일이 일어나는지 알 수가 없다. 세상은 이렇게 바뀌었다.

아이들은 절대 어른들과 같을 수 없다. 요즘 아이들은 태어나면서부터 디지털 기기와 메타버스를 접한 메타버스 네이티브다. 온라인 수업을 하면서 아이들의 기기 활용 능력이 눈에 띄게 올라갔다. 메타버스를 활용하면서 아이들은 소비자이자 생산자가 되었다. SNS로 친구들과 연락하고, 다른 아이들과 다음날 무엇을 할지도 전부 온라인으로 정하고 있다. 어른들은 메타버스 사용법을 배우려고 영상과 글을 하나씩 찾아본다. 그러나 메타버스 네이티브인 아이들은 온라인상에서 친구에게 배우면서 메타버스를 온몸으로 익혔다. 사실 익혔다는 표현도 어울리지 않는데, 아이들은 그 안에 들어가서 모든 것을 자연스럽게 깨달았다.

메타버스 네이티브와 어른들 사이에는 당연히 간극이 벌어질 수밖에 없다. 어른들은 메타버스에서 아이들이 활동하는 것을 봐도 이해가 안 된다. 아무런 의미가 없다고 생각한다. 그런데 어른들이 〈오징어 게임〉과 같은 드라마를 보며 열광했던 까닭은 무엇일까? 심오한 내용과 그것이 주는 교훈 때문일까? 그렇지 않다. 드라마가 재밌고 어린 시절의 추억이 떠오르기 때문이다.

아이들도 마찬가지다. 아이들에게 메타버스란 태어나자마자 자연스럽게 즐겨왔던 추억 그 자체다. 자라온 배경이 다르면 상대방을 온전히 이해하기 어렵다. 어른들끼리도 마음에 맞는 친구를 만나기 쉽지 않은 것과 같은 이유다. 하물며 메타버스를 자연스럽게 접하면서 살아온 메타버스 네이티브와, 메타버스가 이제야 무엇인지 기웃거리는 이주민들의 간극은 좁혀지기 쉽지 않다.

그런데도 우리가 메타버스 네이티브를 들여다봐야 하는 이유는, 이들이 우리와 함께 살아가고 미래를 이끌어갈 세대

아이들은 이제 메타버스 공간에서 추억을 만든다. ⓒMinecraft

이기 때문이다. 메타버스를 접하면서 자라는 세대에게 메타버스가 없는 미래는 상상할 수조차 없다. 메타버스는 앞으로 더욱 확장될 것이다.

메타버스의 본질은 새로운 변화에 있다

인터넷으로 메타버스를 검색하면 가장 먼저 '메타버스 관련 주식'이 나온다. 어떤 주식이 대박을 터뜨릴지 누구나 궁금할 것이다. 어른들의 최대 관심사는 아무래도 돈이기 때문에 주식에 제일 먼저 눈길이 간다. 그다음은 주로 '메타버스 관련 마케팅'이다. 메타버스를 활용하여 마케팅을 어떻게 했는지에 관한 내용들이다. 메타버스가 궁금해서 검색해본 사람들의 머릿속에 남는 것은 돈과 마케팅이다. 하지만 메타버스가 진짜 돈과 마케팅만을 위한 것일까?

메타버스는 새로운 시대를 예고하고 있다. 새로운 시대에 앞서 가장 중요한 건 교육이다. 항상 변화는 교육에서 시작된다. 아이들이 자라서 맞이하게 될 세상, 그 세상에서 당황하지 않고 준비할 수 있는 역량은 교육으로부터 시작되기 때문이다. 그런데 어른들은 메타버스의 본질보다는 결과에 주목하고 있다. 돈과 마케팅 이전에 지금은 세상의 변화, 교육의 변화에 주목할 때다.

교사로 발령이 난 후부터 아이들이 살아갈 미래가 어떻게 변화할 것이며, 그 미래를 위해 교사로서 무엇을 준비해야 하는지 계속 고민했다. 그래서 현행 교육과정과 평가, 진로 교육에 관심이 많았다. 새로운 생각들을 접하기 위해 기회가 되는 대로 교육청 업무나 각종 연구 사업에 뛰어들어 일했다. 아이들과 여러 프로젝트도 시도해보고, 그야말로 교육의 변화라는 파도에 온몸을 싣고 수많은 이론을 공부하며 현장에서 실천하려고 노력했다. 그렇기에 메타버스라는 단어가 나왔을 때 좀 더 빨리 메타버스 이주민으로 메타버스 네이티브를 만날 수 있었다.

그런데 우리 사회는 메타버스를 활용하고 있는 아이들보다는, 메타버스 플랫폼에만 관심을 기울이고 있다. 어른들은 메타버스를 이용한 마케팅과 돈을 버는 것에만 주목하며, 아이들이 메타버스에서 하는 활동에 대해서는 부정적인 시선을 보낸다.

메타버스를 돈과 마케팅으로만 생각하는 어른들의 반응은 이렇다. "이게 뭐야? 게임 아니야?" "이걸로 무슨 공부를 하고 세상을 변화시켜?" "아니, 왜 온라인 아바타에 옷을 입히면서 돈을 써?" 어른들이 봤을 때 메타버스는 이해할 수 없는 세계인 것이다.

어른들이 메타버스 플랫폼과 돈만 바라보고 있을 때, 아이들은 이미 메타버스를 탐험하면서 메타버스 네이티브로서 역량을 마음껏 발휘하고 있다. 메타버스에 대한 초등학교 6학년 아이들의 반응은 어른들과 완전히 다르다. "오, 나 그거 해봤어. 정말 재밌어. 옷도 샀다." "난 맵도 만들었어. 진짜 재밌어." "거기서 VR도 되면 진짜 멋질 거 같지 않아? 소리도 입체적으로 울리면 진짜처럼 느껴질 것 같아." 수업 시간에 메타버스를 얘기하면 아이들은 저렇게 다양한 반응을 쏟아낸다.

어른들이 메타버스로 인한 변화가 무엇인지 가늠하고 있을 때, 아이들은 벌써 메타버스를 자기가 새롭게 만들어 나갈 생각을 하고 있다.

메타버스로 수업하면 아이들의 아이디어와 창의적인 발상이 빛을 발한다. 아이들은 교실이 아니라 메타버스와 온라인으로 협업하는 것을 훨씬 흥미롭게 생각한다.

아이들과 함께 메타버스에서 우리 학교를 안내하는 안전지도를 만든 적이 있다. 안전지도의 각 장소에는 학교의 모습을 담은 영상과 사진이 있고, 그곳에서 지켜야 할 안전 수칙이 역할극 형식의 영상으로 들어가 있다. 아이들은 안전지도 만들기에 열정적으로 참여하고 수많은 아이디어를 제안했다.

그리고 자신에게 메타버스 맵 전체를 편집할 수 있는 수정

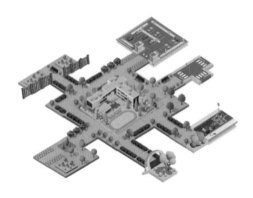

아이들과 함께 게더타운에 구현한 안전지도

권한을 달라는 아이부터, 선생님이 만든 메타버스 맵이 마음에 들지 않는다고 다시 수정하겠다는 아이까지. 다들 적극적으로 나서서 아이디어를 정리하고 반영하기도 쉽지 않았다.

메타버스는 아이들에게 열정을 불러일으키는 상상과 자유의 공간이다. 이처럼 아이들은 어른들과 완전히 다르게 메타버스를 인식하고 있다.

어른들이 메타버스 네이티브가 메타버스를 못 하게 하고, 그들의 말에 귀 기울이지 않는다면 앞으로 어떻게 될까? 세상의 변화를 이해하지 못한 채 미래를 준비할 수도 없을 것이다.

지금은 메타버스 네이티브와의 간극을 좁혀야 할 때다. 메타버스 이주민과 메타버스 네이티브가 다르다는 점을 인정하고, 어떻게 하면 메타버스 시대를 안전하게 맞이할지를 고민해야 한다. 결과보다는 본질에 좀 더 집중해야 할 시기다.

세대 차이에 대처하는 방법

갈등이 생기는 건 당연하다

"너 공부하라고 했더니 뭐 하는 거야? 게임해?"

"어? 아니네. 선생님 계시는구나."

아이들과 메타버스 관련 회의를 하고 있을 때, 갑자기 큰 목소리가 마이크를 타고 들어왔다. 아이는 회의 도중이었는데 갑자기 카메라와 마이크를 끄더니 3분 동안 사라졌다. 돌아온 아이의 얼굴은 새빨개졌고, 두 눈에도 눈물이 그렁그렁했다.

"아, 진짜 아빠는 알지도 못하면서 쪽팔리게."

아이들은 침묵했다. 그 마음이 무엇인지 알기에 위로가 담긴 침묵이었다. 코로나19로 인해 갑자기 재택근무를 시작한 아빠에게 수업 내용이 전달되지 않아 벌어진 작은 일화였다.

아이를 키우는 부모님들, 아이를 가르치는 선생님들이라면 누구나 '요즘 어린것들은 왜 저러나. 나 때는 안 그랬는데' 하는 생각을 한 번쯤은 해봤을 것이다.

철학자 소크라테스도 '요즘 젊은것들은 버릇이 없다'라고 말했다고 한다. 옛날이나 지금이나 '요즘 젊은것들은' '요즘 어린것들은'이라는 말이 사람들 입에서 떠날 줄 모른다. 심지어 학교에서 6학년 아이들도 5학년 아이들에게 그렇게 말할 때가 있다. 나이를 떠나서 사람마다 생각의 차이가 나는 것은 당연하다. 그런데 앞에서 살펴본 것처럼 메타버스에 대해서는 세대 차이가 더 심하다. 메타버스 네이티브와 메타버스 이주민의 거리는 꽤 멀다. 메타버스로 갈등이 생기는 건 어찌 보면 당연한 일이다.

메타버스 이주민은 메타버스를 경험해보지 않았기 때문에 메타버스를 게임으로 오해하고 배척하려고 한다. 요즘 어린 것들은 공부도 안 하고 매일 컴퓨터 앞에 앉아서 모니터만 들여다본다고 말한다. 그러나 누구든 어린 시절이 있었다. 시험을 잘 보면 휴대폰을 사달라고 조르던 때를 생각해보라. 그때 어른들은 업무에 휴대폰이 필요했지만, 아이들에게 휴대폰이 필요하다는 생각은 하지 못했다. 그리고 실제로 휴대폰이 아이들에게 생기자 무분별한 사용으로 문제가 발생했다. 교실에서 휴대폰이 울린다든지, 휴대폰을 하느라 잠을 못 잔다든지, 범죄의 위험에 노출된다든지 하는 식으로 말이다.

'요즘 어린것들은'이라는 부정적인 프레임을 씌어버리면, 메타버스의 올바른 사용법을 고민하기보다는 메타버스를 사용하는 것 자체에 거부감이 생길 수밖에 없다. 지금 부모 세대는 휴대폰 사용에 대한 부작용을 한차례 홍역처럼 앓고 지나간 세대여서 더욱 그렇다. 아이들은 하고 싶은데 못 하게 하니까 반발심이 생기고, 이해받지 못한다는 데에서 오는 불만도 크다. 어른들은 메타버스를 바르게 사용하는 방법이나, 왜 메타버스가 나왔는지 알려주지도 않는다. 일단 사용하지 말라고 한다. 그러니 갈등이 생길 수밖에.

EBS에서 메타버스 활용 사례를 취재하러 나왔을 때도 마찬가지였다. 누구도 수업 시간에 사용해보지 않은 생소한 장면이었기 때문에 어떻게 카메라에 담아낼지 고민이 많았다. 아이들과 제작진, 그리고 교사인 나까지 정말 답답했다. 우리가 만든 메타버스에 들어오면 바로 이해할 수 있을 텐데, 메타버스를 해보지 않은 사람에게 설명하기가 너무 힘들었다.

교사 연수를 나가면 아이들에게 그런 걸 잘못 사용하면 큰

일 난다며 충고하는 사람, 그냥 줌에서 할
수 있는 것을 왜 메타버스에서 하는지 이해
가 되지 않는다는 사람, 메타버스를 사용하
면 아이들의 뇌를 망친다는 사람까지 있었
다. 하지만 모두 메타버스에 들어가서 체험
해보면 생각이 달라졌다. 자신들이 모르는

EBS 메타버스
취재 영상

새로운 세계라서 다들 흥미롭고 재미있다면서, 메타버스를
아이들이 왜 하는지 알 것 같다고 말했다.

메타버스를 경험해봐야 안다

서로 견해 차이가 날 때는 일단 상대방의 처지에서 생각해
보는 것이 필요하다. 메타버스는 직접 경험해보는 것이 중요
하다.

메타버스가 유행하기 이전부터 메타버스를 대표하는 AR
과 VR 기술에 대한 사람들의 관심은 꾸준히 있었다. 구글은
2012년에 AR 글라스를 개발하고 판매한 적도 있지만, 그때
시장의 반응은 차가웠다. 다들 AR 글라스의 실효성을 의심했
고, AR 글라스를 쓴 누군가가 자신을 계속 쳐다보면 사생활
침해가 된다고 생각했다. VR 기기도 마찬가지였다. 기기 자체
의 필요성에 대해서도 의문이 있었고, 기기를 가볍게 하여 착

용감을 높이는 데 한계가 있었다. VR 기기로 경험할 콘텐츠가 부족한 것도 문제였고, 게임만으로는 많은 사람이 VR 기기를 구매하게 만들기 쉽지 않았다. 이처럼 메타버스는 예전부터 우리 곁에 있었지만, 제대로 경험해본 사람이 드물었다.

그런데 코로나19 이후로 분위기가 바뀌었다. 불가능해 보였던 재택근무를 사람들이 경험했다. 아이들도 미래 사회를 다룬 영화에서 볼 법한 재택수업이 가능하다는 것을 알게 되었다. 하지만 줌을 이용한 수업만으로는 함께한다는 느낌이 들지 않았고, 각자 다른 공간에 있어서 수업에도 한계가 있었다. 그래서 사람들은 AR과 VR을 포함한 메타버스가 온라인 수업에 실재감을 줄 수 있으리라 생각했다.

하지만 어른들은 메타버스를 능숙하게 사용하기 어려웠다. 어른들은 메타버스의 작동법이나 사용법부터 익혀야 하기에 시간이 좀 더 걸렸다. 우리가 영어를 배울 때 문법과 단어부터 차근차근 익히는 과정과 비슷했다. 그러나 아이들은 자신이 원래 사용하던 언어인 것처럼 자유자재로 현실과 메타버스를 넘나들었다.

메타버스 강의에서 메타버스로 수업하는 장면을 보여주면, 사람들은 도대체 무슨 말을 하는지 하나도 모르겠다고 한다.

아이들이 메타버스에서 행동하고 대화하는 모습이 마치 외국 어로 빠르게 말하는 것처럼 들려서 이해하기 힘들기 때문이다. 그러다가 아이들이 메타버스를 스트리밍하는 영상을 보면 그제야 고개를 약간 끄덕인다. 메타버스를 온전히 이해하려면 직접 메타버스에 들어가야 어떤 느낌인지 알아차릴 수 있다. 그래서 항상 메타버스 강의에 나가면 메타버스에 직접 들어가서 체험할 수 있는 시간을 갖는다.

하루는 메타버스 강의 중에 한 선생님이 질문을 던졌다.

"아니, 근데 이거 애들이 할 수 있기는 한 거예요? 선생님들도 헤매는데요?"

질문을 한 선생님은 교사들끼리 메타버스로 회의하면서 어떻게 사용해야 하는지 몰라서 무척 헤맸다고 말했다. 나는 강의할 때 선생님들에게 메타버스 입장 방법부터 하나씩 알려준다. 이건 너무 당연한 과정이다. 대부분 선생님이 메타버스를 한 번도 사용해보지 않았기 때문이다. 나 역시 처음 시작은 그랬으니까 말이다. 그런데 그 질문을 듣고 아이들이 메타버스를 능숙하게 다루던 모습과 선생님들이 헤매던 모습이 겹쳐서 웃음이 나왔다.

나도 그 과정에서 충격을 받았기 때문에 답할 수 있었다.

"선생님, 아이들은 메타버스에서 날아다녀요."

못 믿겠다는 선생님에게 아이들이 메타버스를 활용하는 영상을 보여드리니 깜짝 놀랐다.

"선생님들이 메타버스를 익히는 데 40분이 걸리면, 아이들은 10분이면 충분해요."

강의를 듣던 선생님들이 웃음을 터뜨렸다.

아이들과 어른들은 그만큼 차이가 크게 난다. 네이티브로 자신의 언어를 사용하는 것과 그렇지 않은 것의 차이는 당연히 크다. 디지털 기기를 어릴 때부터 만지고, 메타버스에 스스로 찾아가 활동하는 메타버스 네이티브와 우리가 어떻게 같을 수 있을까?

아이들은 메타버스를 재미있는 도구로 생각하고 있다. 그리고 그 안에서 실제로 다양한 것들을 배우고 있다. 세대 차이에 가장 현명하게 대처할 수 있는 법은 바로 아이들이 하는 것을 함께 해보는 것이다. 메타버스를 해보면 이해할 수 있다. 직접 해보면 '요즘 어린것들은 못 쓰겠어'가 아니라 '요즘 아이들은 이런 것도 하는구나'로 인식이 바뀔 것이다.

메타버스를 함께 해보자

메타버스의 올바른 활용 방법

"아이가 메타버스에서 학교폭력이나 범죄에 휘말리게 되면 어쩌죠?"

"어떤 점을 살펴봐야 아이가 메타버스에서 피해를 받지 않을까요?"

메타버스를 하는 아이들을 보면 부모님은 불안할 수밖에 없다. 부모님이 잘 모르는 세계여서 더욱 그렇다. 아이들은 초등학교 고학년이 지나면서 부모님에게 숨기는 게 점점 많아진다. 아이들이 말해주지 않으면, 메타버스에서 무슨 일이 벌어지는지 부모님은 알 수가 없다. 아이가 하는 메타버스에 대해서 알아보고 싶지만, 어떤 것부터 살펴봐야 할지 막막하다.

예전에 인터넷이 보급되고 사용 인구가 늘어나면서 많은 문제점이 나타났다. 어른들뿐 아니라, 아이들도 여러 가지 문제에 노출되었다. 예를 들어 아이들이 악성 댓글을 쓰고 처벌을 받거나, 인터넷에서 학교폭력이 발생하는 일도 있었다. 지금은 인터넷 예절을 뜻하는 '네티켓'이나, 인터넷을 올바르게 사용하는 '미디어 리터러시' 교육을 강화하며 문제를 예방하고 있다.

메타버스도 마찬가지다. 이제 막 시작하는 시기라서 메타버스를 활용하면서 문제가 발생할 수도 있다. 그렇다고 아이들이 살아갈 미래의 큰 흐름인 메타버스를 거스르긴 어렵다. 다가올 미래에는 현실이 가상이 되고, 가상이 현실이 되며, 정보의 교류가 메타버스를 통해 이루어질 것이기 때문이다. 그러므로 아이들에게 메타버스를 올바르게 활용할 수 있도록 부모님의 도움이 필요하다.

부모님은 가장 먼저 아이가 사용하는 메타버스 플랫폼의 사용 연령을 꼭 확인해봐야 한다. 사용 연령을 살펴보면 각 플랫폼이 아이들을 얼마나 보호하는지 알 수 있다. 그리고 채팅이나 개인정보 유출에 대한 위험은 없는지, 다른 사람과의 문제가 발생했을 때 해결할 수 있는 안전망이 있는지, 미리 알아볼 수 있다. 메타버스 플랫폼에 따라서 사용 연령별 서비스를 다르게 제공하는 일도 있으므로 확인이 필요하다.

또한 메타버스 플랫폼마다 아이들이 활용하는 방법도 조금씩 달라서, 부모님이 아이가 사용하는 메타버스 플랫폼을 함께 탐험해봐야 한다. 부모님이 직접 해보고 아이와 소통할 수 있어야, 아이도 건강하게 메타버스를 사용할 수 있다.

로블록스와 마인크래프트를 사용하면, 아이가 만든 공간을 먼저 살펴보는 것이 좋다. 그 후 아이와 같이 공간을 만들면서 소통할 수 있다. 어떤 의도로 공간을 구성했는지, 어떻게 만들었는지 얘기하다 보면 아이의 메타버스 활용에 대한 이해가 높아질 수 있다.

제페토를 사용한다면 한국관광공사가 만든 맵으로 같이 여행을 떠나보는 것도 좋다. 제페토에서 부산, 목포, 안동, 강릉, 전주, 경주 등을 검색하면 이용할 수 있다. 그리고 국립중앙박물관이 구성한 '힐링 동산'에 들어가면 반가사유상 옆에서 명상도 할 수 있다. 이처럼 제페토의 다양한 맵을 통해 자연스럽게 예습과 복습도 할 수 있고, 가족 간 새로운 추억도 만들 수 있다.

젭이나 게더타운을 사용한다면, 아이와 서로 다른 장소에

아이와 함께 제페토의 힐링 동산에 가보는 것도 좋은 방법이다. ⓒ국립중앙박물관

서 화상 회의를 해보는 것을 추천한다. 공간이 바뀌면 생각도 바뀐다. 생각이 바뀌면 대화의 주제도 바뀐다. 대화의 주제가 바뀌면 아이와의 관계도 바꿀 수 있다. 집이라는 평범한 공간에서도 메타버스를 통해 색다르게 아이와 대화를 나눌 수 있는 시간을 마련할 수 있다.

메타버스는 어떻게 활용하느냐에 따라서 효과가 크게 달라질 수 있다. 아이들이 앞으로 메타버스와 함께 살아가는 것은 누구도 부정할 수 없다. 이런 시대에 메타버스를 올바르게 활용하는 법을 알려주는 것은 아이에게 미래를 살아갈 힘을 주는 것이다. 어른들의 적절한 관심이 있으면 아이들은 메타버스를 올바르게 활용하는 법을 배울 수 있다.

　아이들은 이미 메타버스 안에서 살고 있고, 그곳에서 새로운 탐험을 하고 있다. 부모님이 사용 연령을 확인하고, 아이와 함께 메타버스를 탐험하고, 아이와 같이 사용 시간을 정하면, 아이들은 메타버스에서 더 많은 것을 배우며 안전하게 성장할 수 있을 것이다.

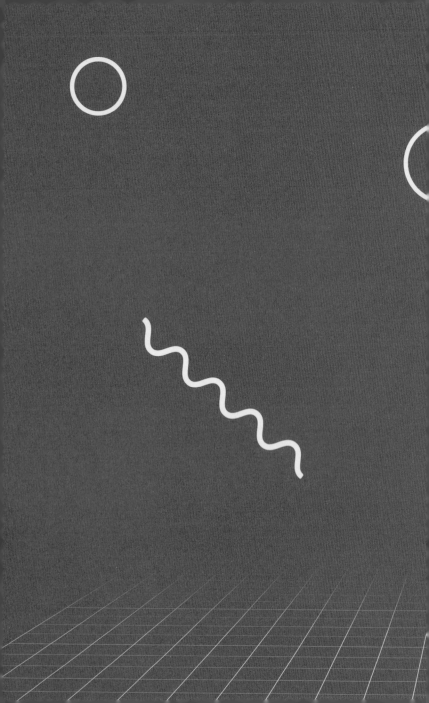

3장

메타버스 네이티브가
사는 세상

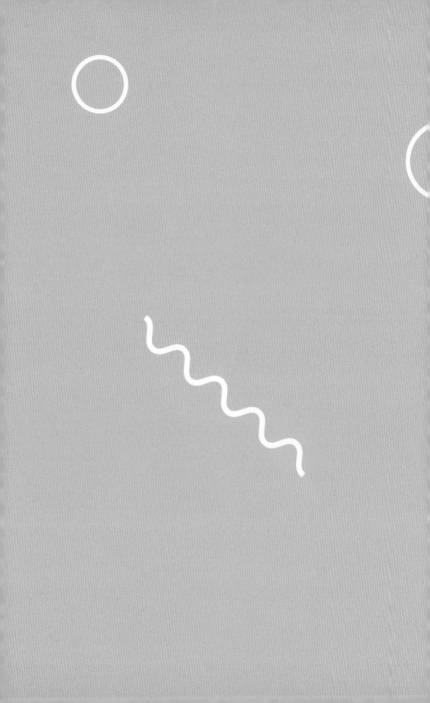

자극이 소나기처럼
쏟아지는 시대

아이들은 더 강한 자극을 원한다

아이들은 새로운 자극을 끊임없이 원한다. 그건 아이들의 본능으로, 어린아이일수록 더 많은 자극을 원한다. 어린아이들은 물건을 탐색하기 위해 모든 것을 입으로 가져간다. 아직 위험한 물건인지 아닌지 판단할 수 없기 때문에 아이 주변의 물건은 모두 치워야 한다. 입으로 모든 것을 탐색해본 아이는 손에 닿는 모든 것을 만져본다. 차가운 것, 뜨거운 것을 가리지 않는다.

캐나다의 신경외과 의사 와일더 펜필드(Wilder Penfield)는 각각의 신체 부위가 대뇌에서 차지하는 영역의 비율을 형상화하여 호문쿨루스라는 모형을 만들었다. 호문쿨루스 모형은 실제 인간의 모습과 다르게 손과 입술이 기형적으로 크다. 대뇌에서 손과 입술하고 연결된 신경이 많다는 뜻이다. 아이들은 손과 입술로 세상을 탐험한다.

지그문트 프로이트(Sigmund Freud)의 '성격발달단계'에 따르면 0~2세는 입으로 탐색하는 구강기에 해당한다. 아이들이 자라서 6~12세 잠복기에 다다르게 되면, 학업과 친구, 자아성숙과 같은 과업을 실행하면서 성격을 형성하게 된다. 현재 메타버스 네이티브가 바로 잠복기 단계에 해당한다.

메타버스 네이티브는 신체 자극은 줄어들고 미디어 자극만 잔뜩 받은 상태다. TV나 스마트폰, 그리고 게임을 접하는

손과 입술이 대뇌에서 차지하는 비율을 형상화한 호문쿨루스 모형 ⓒDr. Joe Kiff

시기가 빨라진 덕분에 미디어가 주는 자극에 익숙해져 있기 때문이다. 거기다 코로나19로 인해 외부 활동이 어려워지면서 미디어를 접하는 시간도 훨씬 늘어났다. 우리가 자랄 때는 TV를 바보상자라고 멀리하라고 했다. 그런데 이제 TV를 보는 아이들보다 유튜브를 보는 아이들이 더 많다. TV와 유튜브의 가장 큰 차이점은 콘텐츠의 선택 여부다. TV는 방송사에서 보여주는 것만 보지만, 유튜브는 자기가 원하는 미디어를 선택해서 볼 수 있다.

같은 맥락에서 아이들은 유튜브보다는 게임에, 게임보다는 메타버스에 몰두할 수밖에 없다. 자신이 선택하고 조작할 수 있는 범위가 더 넓어지기 때문이다. 유튜브에서는 자신이 선택한 미디어를 보고만 있어야 한다. 그러나 게임은 자신이 직접 조작하면서 즉각적인 보상도 받을 수 있다. 메타버스는 자신이 아바타와 맵을 선택하고 조작할 수 있으며, 아바타와 맵을 원하는 대로 꾸미고 바꿀 수도 있다. 자극의 세기가 점점 더 강해지는 것이다.

이러한 변화는 박물관에 가보면 두 눈으로 확인할 수 있다. 우리가 어릴 때는 박물관에 전시된 유물을 보고 열심히 바닥에 앉아 종이에 적었다. 펜이 부착된 메모지를 목에 매고 다

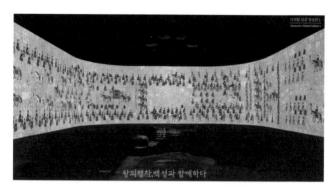

국립중앙박물관의 디지털 실감 영상관 ⓒ국립중앙박물관

니다가 마음에 들거나 교과서에서 봤던 유물이 나오면 열심히 기록했다. 그런데 지금은 어떨까? 박물관에서 단순히 전시만 하는 시대는 끝났다. 아이들은 무엇이든 클릭이라도 하는 것이 있어야 박물관에 간다. 각종 기기를 활용하여 AR과 VR로 설명하고, 터치스크린이 설치되어 있어야 아이들의 흥미를 끌 수 있다.

AR 장난감이 쏟아지고, 심지어 메타버스를 표방하는 장난감도 나오고 있는 시대에 당연한 일이다. 아이들은 자극이 넘쳐나는 시대에 살고 있다. 그리고 이미 그런 자극을 경험한 상태다. 이러한 아이들에게 '유튜브가 나쁘니까 보지 말아야 한다'라고 여러 번 말하는 것이 소용이 있을까? 맛있는 음식을 먹어본 아이에게 '그 음식은 몸에 좋지 않으니 먹으면 안 된다'라고 하면 먹지 않을까?

이와 관련하여 재미있는 사례가 있다. 영국의 유명한 요리사 제이미 올리버(Jamie Oliver)는 아이들에게 건강한 음식을 전파하기 위해 노력하고 있다. 올리버는 아이들이 치킨너겟보다 더 건강한 요리를 먹기를 바라면서, 직접 치킨너겟이 만들어지는 과정을 시연한다.

믹서기에 닭고기뿐 아니라 껍질과 척수, 뇌와 지방 등을 넣어서 갈아버린 다음에 향신료와 빵가루를 묻혀서 프라이팬에 튀긴다. 그 모습을 보면서 아이들은 역겨운 표정으로 온 얼굴을 찌푸린다. 그런데 아이들은 치킨너겟이 완성되자 배가 고프다며 치킨너겟을 아주 맛있게 먹는다. 이미 맛있는 걸 접한 아이들은 그 음식이 좋고 나쁘고를 따지기도 전에 먼저 몸이 반응한다.

아이들의 뇌도 마찬가지다. 아이들은 자극이 소나기처럼 쏟아지는 시대에 살고 있고, 미디어가 주는 자극을 거부할 수가 없다.

건강한 자극이 필요한 아이들

자극이 쏟아지는 시대와 어울리는 단어가 있다. 바로 '팝콘 브레인(Popcorn Brain)'이다. 팝콘 브레인은 약한 자극일 때는 반응을 하지 않다가 팝콘을 튀길 때처럼 강한 자극에만 반응하는 뇌를 뜻한다. 스마트폰이나 게임, 미디어와 같은 강한 자극에는 반응하고, 다른 사람과의 교류나 감정에는 반응하지 않는 상태를 의미한다.

어른들이 메타버스를 헤매고 있을 때, 아이들은 점점 더 강한 자극을 쫓아갔다. 코로나19로 인해 온라인 수업으로 전환되면서 아이들은 하루에 적어도 4시간 이상은 컴퓨터 앞에 앉아 있어야만 했다. 어른들도 컴퓨터 앞에 4시간 이상 앉아서 집중하기 힘든데 하물며 아이들이 온라인으로 수업을 듣는 것은 쉬운 일이 아니었다. 아이들은 강한 자극을 원했지만, 선생님들은 건강한 자극을 주기 위해 노력했다.

지금처럼 자극이 쏟아지는 시대에 아이들에게 가장 필요한 것은 건강한 자극이다. 아이들이 사용하는 메타버스에 건강한 자극이 존재하는지, 어떻게 하면 건강한 자극을 줄 수 있는지 생각해봐야 할 때다. 어떤 도구든 어떻게 활용하느냐에 따라 효과가 달라지기도 한다. 또한 사용 시간과 장소도 중요하다.

아이들이 사용하고 있는 메타버스를 수업과 연결하면, 아이들에게 배움과 창작의 자극을 줄 수도 있다. 수업에서 구글의 협업 도구와 메타버스를 같이 활용했을 때 아이들은 단순한 자극만이 아니라, 자기 생각을 표현하고 싶은 자극도 함께 받았다. 그리고 아이들은 그것을 메타버스에 구현해내려고 노력하는 과정을 통해 성장할 수 있었다.

메타버스와 수업을 연결할 때, 아이들에게 줄 수 있는 건강한 자극 중 하나는 '협력하는 자극'이다. 협력을 통해 문제를 해결하는 과정에서 아이들은 성장에 꼭 필요한 자극을 받을 수 있다. 구글의 협업 도구들을 활용하면 협력하는 자극을 충분히 줄 수 있다. 구글에서 제공하는 협업 도구들은 온라인상에서 여러 명이 실시간으로 동시에 편집할 수 있다.

예전 같으면 USB로 한 명이 다른 아이들의 자료를 취합한 다음에 완성하거나, 컴퓨터실에서 하나의 컴퓨터를 두고 옹기종기 모여서 의견을 나누어야 했다. 그러나 아이들은 구글 프레젠테이션을 마치 채팅창처럼 사용하기도 하고, 다른 아이들과 의견을 교환하며 자기가 생각하는 방향으로 편집을 했다. 아이들은 자신들의 생각을 담고 나누는 데 막힘이 없다.

코로나19로 인해 교실에서 하지 못했던 일들을 온라인상에서 협업을 통해 나눌 수 있었다.

온라인으로 사람을 만난다는 건 결국 오프라인 공간에서는 혼자 컴퓨터 앞에 있다는 것을 뜻한다. 코로나19로 인해 고립감을 경험한 아이들에게 협력할 수 있는 건강한 자극이 꼭 필요하다. 그 과정을 통해 아이들은 함께 살아가는 사회의 일원이 될 수 있기 때문이다.

게임과 교육이 만나다

온라인 수업과 게임의 만남

코로나19로 인해 갑자기 온라인 수업이 시작되면서 교사들은 수업을 이어갈 방법을 찾느라 분주했다. 제일 먼저 시도한 방법은 콘텐츠를 만들어서 올리는 것이었다. 교사들은 갑자기 유튜버가 되었다. 유튜버가 되어 열심히 수업을 녹화했다. 다들 옆 반 선생님은 어떻게 하는지 확인하면서 수업을 진행했다.

그 뒤에는 화상 수업을 시작했다. 아이들을 화상 회의 플랫폼에 모으는 것부터가 난관이었다. 교사들은 콜센터 직원이 되어 플랫폼에 들어오지 않는 아이에게 전화를 걸었다. 그러는 동안 나머지 아이들은 컴퓨터 앞에서 그냥 대기했다.

아이들이 시간을 지키고 잘 참석하면서 화상 수업이 안정을 찾았다.

그러나 그 뒤에 나타난 문제는 더 어려웠다. 줌으로 화상 수업을 진행해본 교사라면 게임 소리를 들어본 경험이 있을 것이다. 아이들은 수업을 듣다 말고 게임을 하거나 유튜브를 시청했다. 아이들이 컴퓨터 앞에 앉자 수업보다 게임을 하고 싶은 욕구가 커졌기 때문이다.

아이들은 교실과 온라인에서 다르게 행동했다. 교실에서는 선생님이 아이를 계속 살펴보고, 아이도 선생님이 바라보고 있다는 생각에 긴장할 수밖에 없다. 친구들이 있어서 자신의 욕구를 누를 수 있고, 무엇보다 아이들이 사랑하는 스마트폰이 없다. 그러나 온라인 수업은 달랐다. 아이의 이름을 애타게 불러보지만, 아이가 마이크나 스피커를 끄거나, 화면을 꺼버리면 어떤 상태인지 전혀 알 수 없었다.

그리고 집에서 수업하다 보니 가족들이 갑자기 화면에 나타나기도 했다. 어떤 부모님은 수업 중에 "아들, 밥 먹어"라고 외치는 분도 있었다. 또 아이들은 수시로 화장실에 가거나 집의 다른 공간으로 이동해서 집중력이 떨어질 수밖에 없었다. 그래서 교사들은 '아이들이 어떻게 하면 온라인 수업에 집중할 수 있을까?' '어떻게 하면 아이들이 수업에 적극적으로 참여할 수 있을까?'를 고민했다.

그렇게 고민한 결과가 게임과의 만남이었다. 게임을 활용해서 아이들이 수업에 재밌게 참여하면, 절반은 성공이었다. 사실 게임과 접목한 수업은 코로나19 이전부터 있었다. 실시간 퀴즈 사이트인 '카훗(kahoot!)'을 활용하여 퀴즈를 풀거나 '낱말 맞추기'를 했다. 그리고 그림을 가리고 조금씩 보여주며 정답을 맞히는 것도 있었다.

온라인 수업에서도 아이들의 흥미를 유발하는 게임을 생각하는 건 당연했다. 그러나 간단한 게임으로는 아이들의 눈과 귀를 사로잡기 어려웠고, 아이들이 상호작용할 수 있는 새로운 방법이 필요했다. 교사가 일방적으로 내는 퀴즈가 아니라 아이들이 적극적으로 목소리를 내고 표현할 수 있는 게임이 필요했다.

흥미 유발은 가장 중요한 학습 동기

아이들에게 흥미는 가장 중요한 학습 동기 중의 하나다. 공부가 꼭 재미있을 필요는 없지만, 공부가 재미있으면 아이들은 더 열심히 하려고 한다. 그러나 게임적인 요소만 있다면 아이들이 수동적으로 행동할 수도 있다. 왜냐하면 주객이 전

도되어 공부보다는 게임에 치중할 수도 있기 때문이다. 그래서 게임을 활용할 때는 신중한 접근이 필요하다. 메타버스를 활용할 때도 아이들이 어떤 태도로 게임을 대하는지 자세히 검토하고, 교육 목적에 맞게 활용할 수 있도록 살펴봐야 한다.

아이들과 함께 공부해본 사람이라면 누구나 알고 있겠지만, 아이들의 학습 유형은 굉장히 다양하다. 학교에서는 주로 선생님의 말을 듣고, 자기 생각을 써서 표현하는 아이들이 유리하다. 학교의 학습이 대부분 그렇게 이루어지기 때문이다. 그런데 사실 듣고 쓰는 것으로 학습하는 아이는 소수에 불과하다. 대부분 직관적인 이해와 구체적인 조작 활동을 통해 지식을 이해한다. 이 부분은 온라인 수업이 진행되면서 더욱 명확해졌다.

아이들의 흥미를 끌기 위해 온라인 수업의 진행 방식은 다양해질 수밖에 없었다. 그중 많은 아이의 관심을 끄는 것은 역시 게임과 결합한 수업이다. 게임이라는 흥미 요소를 가지고 와서 아이들이 학습에 몰입할 수 있었다.

미국의 교육심리학자인 존 켈러(John M. Keller)는 학습자의 동기를 높이기 위해 수업을 설계할 때 네 가지 요소를 고려해야 한다고 주장했다. 이 주장은 주의집중(Attention), 관련성(Relevance), 자신감(Confidence), 만족감(Satisfaction)의 영문 앞 글자를 따서 'ARCS 모형'이라고 한다. 게임을 활용한 교육은 아이들의 주의집중을 충분히 끌 수 있고, 이것은 아이들의 삶과도 연계되어 있다. 성공 기회를 통해 자신감을 줄 수 있고, 아이템이나 점수라는 즉각적인 보상으로 만족감을 준다. 이러한 장점 때문에 교육계는 게임과 교육이 합쳐졌을 때의 동기 유발 효과에 관심이 많았다.

그러나 게임과 교육의 만남에서 흥미는 가장 큰 장점이자 단점이기도 하다. 교육학 용어 중 '신기성 효과(Novelty Effect)'라는 것이 있다. 아이들이 새로운 교육 방법을 접할 때 새롭다는 이유만으로 학습의 효과가 일시적으로 높아진다는 뜻이다. 하지만 시간이 흐를수록 흥미만으로는 학습 효과를 높이기 어렵기 때문에 다양한 방식으로 학습 동기를 끌어내려고 노력해야 한다.

온라인 수업으로는 아이들의 학습 동기를 끌어내기 어렵기 때문에 게임적인 요소가 포함된 메타버스가 주목받을 수밖에 없었다.

현재 아이들은 아주 어렸을 적부터 게임을 접한다. 장난감으로 게임을 접하기도 하고, 유튜브나 여러 미디어를 통해 게임 관련 영상을 쉽게 접할 수 있다. 게임을 직접 하지 않더라도 아이들은 게임을 점점 더 친숙하게 느끼게 된다. 요즘 아이들은 게임에 자연스럽게 몰두하고, 게임이 아니면 흥미롭게 쳐다보지 않는다. 그래서 게임을 활용한 교육을 고려해야만 한다.

이러한 연장선 위에 메타버스가 있다. 로블록스나 마인크래프트도 아이들이 메타버스가 아니라 게임이라고 생각하며 시작하는 경우가 많다. 메타버스 안에서 아바타를 움직여서 할 수 있는 활동들이 게임과 비슷하기 때문이다. 그래서 아이들이 메타버스에 흥미와 매력을 느끼고, 그 안에서 창작 활동을 하고자 하는 것이다.

메타버스에서 일어나는 일

인플루언서로 변신하는 아이

초등학교 6학년인 민수는 교실에서 친구들에게 주목받지 못하는 평범한 아이다. 그 나이에는 친구들에게 주목받는 일이 굉장히 중요하다. 자기를 만들어가는 시기에 다른 사람의 평가가 큰 영향을 끼치는데, 그중에서 친구들의 영향력이 가장 크기 때문이다. 그래서 친구들에게 주목받지 못한다는 사실은 아이에게는 참 슬픈 일이다. 어떤 아이는 교실에서 친구들의 관심을 끌려고 일부러 소리를 지르거나, 욕을 하며 악을 쓰기도 한다. 아이들은 저마다의 방식으로 친구들의 관심을 받으려고 노력한다. 물론 그 노력은 대부분 꾸중이나 아이들의 비난으로 끝나 더 속상하기만 하다.

하지만 민수는 교실에서 주목받지 않아도 괜찮다. 메타버스에서 많은 사람의 지지를 받기 때문이다. 사람들은 민수가 만든 메타버스 맵에 열광한다. 민수는 학교를 마치고 집에 돌아오자마자 메타버스에 접속하여 사람들을 열광시킬 맵을 디자인한다. 사람들의 칭찬은 민수에게 큰 힘이 된다. 민수는 마치 엄청나게 능력 있는 사람이 된 느낌이다. 그렇게 밤을 지새우고 다음 날 학교에 가서는 멍한 눈으로 칠판을 바라본다.

민수뿐 아니라 현재 적지 않은 아이들이 겪고 있는 현상이다. 아이들은 현실에서 충족되지 않는 부분을 메타버스에서 채우고 있다. 영상을 찍어 앱으로 공유하기, 자신만의 공간과 아바타 꾸미기, SNS를 통해 다른 사람과 소통하기, 앱을 이용한 특별한 프로필 사진 찍기는 아이들의 일상이다. 메타버스에서 아바타를 활용하면 실제 사용자가 아이인지 어른인지 구분하기도 어렵다. 음성으로 소통할 수 있어도 목소리 변조 프로그램을 사용하면 사실상 구분이 힘들다. 이러한 점을 활용하여 아이들은 메타버스에서 현실과 다른 존재가 되고자 한다.

최근 '부캐'라는 말이 유행하고 있다. 말 그대로 자기를 대신하는 두 번째 캐릭터라는 뜻이다. 예를 들어 진행자 유재석이 '유산슬'이라는 부캐로, 개그맨 김신영은 '김다비'라는 부캐를 만들어서 기존과 다른 이미지를 연기하며 트로트 가수로 활동했다.

사람들의 호칭은 자기의 위치와 역할에 따라 다양하게 불리지만, 부캐는 자신의 특징을 더 직관적으로 보여줄 수 있다. 아이들은 메타버스에서 자기의 부캐를 만들어서 사람들에게 주목받고 있다고 생각하면 된다.

모두가 크리에이터가 되는 세상

메타버스 속 아이들의 부캐에서 주목할 만한 점은, 아이들이 소비자뿐 아니라 생산자로 활동한다는 사실이다. 자기에게 주어진 게임 미션을 완료하는 것에서 멈추지 않고, 자기가 직접 게임을 만들어서 사람들과 공유한다.

이러한 과정은 아이들이 코딩 수업을 배우면서부터 시작되었다. 처음 코딩 교과서가 도입될 때 학회에서도 의견이 분분했다. 코딩이 아이들의 발전에 어떤 영향을 줄지, 아무도 가보지 않은 길이기에 모두 조심스러웠다. 그런데 코딩 수업을 해본 교사들이라면 알겠지만, 아이들의 적응력은 상상을 초월한다. 학교에서는 주로 교육용 프로그램인 '엔트리'를 많이 활용하는데, 아이들에게 활용 방법을 알려주면 대다수는 금

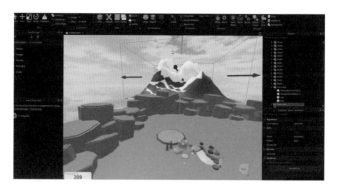

누구나 로블록스 맵을 제작해서 판매할 수 있다. ⓒRoBuilder

방 코딩을 짠다. 엔트리가 직관적인 덕분도 있겠지만, 아이들의 코딩 실력은 매번 교사를 놀라게 한다.

아이들은 코딩뿐 아니라, 메타버스에서도 자기의 창작 능력을 자랑하고 있다. 아이들의 유연한 사고력과 창의력, 능숙한 디지털 기기 활용 능력이 더해져 놀라운 결과물이 나오고 있다.

로블록스에서는 누구나 로블록스 맵을 쉽게 만들 수 있도록 하고 있고, NFT 기술을 활용하여 사용자가 만든 디지털 작품을 거래하기도 한다. 제페토에서도 옷을 직접 디자인하여 다른 사람에게 판매할 수 있다. 제페토를 이용하여 월

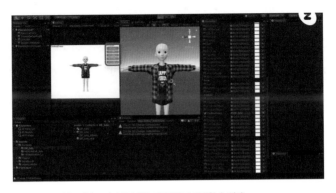

제페토에서도 아바타의 옷을 디자인하여 판매할 수 있다. ©ZEPETO

1,500만 원의 수입을 올리는 사람도 있다. 디자인에 관심이 있는 아이들도 옷을 만들어서 판매를 시도해봤다고 한다. 현재 다양한 메타버스 플랫폼에서 아이템을 사고팔 수 있는 거래 시스템을 구축하고 있다.

이처럼 메타버스 안에서 소비자와 생산자의 경계가 점점 더 모호해지고 있다. 아이들은 그곳에서 돈을 벌기도 하고, 돈을 쓰기도 한다. 직업을 얻기도 하고, 직업을 잃기도 한다. 수많은 업체가 다양한 물건을 사고팔고 있으며, 어떤 메타버스 플랫폼에서는 부동산도 팔고 있다. 어른들이 모르는 사이에 메타버스에서는 작은 경제가 돌아가고 있으며, 아이들이 경제의 한 축을 담당하고 있다.

NFT 기술은 메타버스의 경제를 더욱 안정적으로 돌아가게 할 준비를 하고 있다. 아이들은 메타버스에서 인플루언서이자 크리에이터로 활동하며 앞으로 새로운 경제를 만들어낼 것이다.

NFT라는 새로운 트렌드

NFT는 무엇인가?

NFT는 메타버스와 함께 관심이 높아진 용어다. 메타버스를 이해하기도 어려운 상황에서 NFT까지 화제로 떠오르자 많은 사람이 혼란에 빠졌다. 하지만 NFT '크립토펑크(CryptoPunks)'가 1,700만 달러에 팔렸다는 뉴스와 함께 NFT에 대한 관심은 더욱 커질 수밖에 없었다.

NFT를 거래할 수 있는 '오픈씨(OpenSea)'의 거래 금액은 2022년 1월 기준으로 6조 원을 돌파했다. 2021년 1월엔 96억 원이었는데 1년 사이에 610배가 증가한 규모다. NFT를 발급하고 거래하는 방법을 알려주는 책이 베스트셀러에 오르고, 다들 메타버스와 함께 NFT가 새로운 경제 트렌드가 될 것이라고 말한다.

메타버스는 가상의 공간이기 때문에 아바타가 나를 대신해 활동한다. 아바타도 옷이나 신발, 가방 등 다양한 아이템으로 외모를 꾸밀 수 있다. 아이들은 현실뿐 아니라 메타버스 속 아바타의 외모에도 민감하다. 아바타가 자기 자신이나 마찬가지라고 생각하기에 다양한 모습으로 꾸미고 싶은 욕구가 솟아오른다. 부모님이 보기에는 매일 스마트폰만 붙들고 사는 것처럼 보이지만, 아이들은 SNS를 통해 사생활을 공유하고 자기를 끊임없이 드러내고 있다.

아이들에게 온라인상에서 자기를 꾸미는 것보다 중요한 일은 없다. 아바타는 온라인에서 자기의 존재감을 보여줄 수 있는 또 다른 수단이다. 그래서 아이들은 아바타를 꾸미는 데 열중할 수밖에 없다. 현재 메타버스에서 아바타를 꾸미는 아이템에도 NFT가 활용되고 있다.

NFT는 '대체 불가능 토큰(Non Fungible Token)'을 의미한다. 쉽게 말해 온라인에서의 소유권이다. 현실의 소유권은 실물로 거래가 된다. 돈을 주면 실제로 존재하는 물건을 손에 넣을 수 있다. 그러나 온라인에서는 파일이 복사본인지 원본

크립토펑크는 SNS에서 프로필로도 사용할 수 있다. ⓒLarva Labs

인지 파악하기 어렵다. 온라인상의 구매 기록과 소유권을 인증하는 기술이 NFT다. 즉, 디지털 파일이 원본이라는 것을 보장해준다.

NFT를 활용하면 디지털 파일을 누가 만들었고, 누가 언제 구매하고 판매했는지, 모두 기록에 남는다. 그 덕분에 복제가 가능한 디지털 파일에 희소성을 부여할 수 있는 것이다. 어떻게 그런 일이 가능할까?

NFT를 이해하기 위해서는 암호화폐도 같이 이해해야 한다. 몇 년 전 대한민국을 휩쓸었던 암호화폐는 블록체인 기술을 기반으로 한다. 블록체인에는 암호화폐를 사고파는 거래 내용이 모두 기록된다. 누가 어떤 것을 사고팔았는지 디지털 장부에 계속 저장되는 것이다. 거래 내용이 블록체인에 기록되기 때문에 다른 인증서 없이 빠르고 편리하게 거래할 수 있다.

NFT도 암호화폐처럼 블록체인 기술을 이용한다. NFT의 토큰은 블록체인상에 존재하고 있다. 암호화폐가 화폐라면 토큰은 물건이라고 생각하면 된다. 암호화폐로 거래되는 소유권이 바로 NFT이다.

인터넷에서 디지털 파일의 불법 복제가 문제가 되고 있는데, 메타버스에서도 비슷한 문제가 발생할 수 있다. 그러한 문제를 NFT가 해결할 수 있다.

'대체 불가능 토큰'은 자유롭게 교환하거나 대체할 수 없다는 것을 의미한다. 명화 모나리자를 다른 작품으로 대체할 수 없는 것처럼, NFT도 복사본으로 대체할 수 없도록 블록체인을 활용하여 토큰에 거래 내용이 기록된다. 또한 NFT의 희소성을 더욱 강조하기 위해 현실의 원본 작품을 없애버리는 일도 있다. 2021년 3월, 영국의 유명 화가 뱅크시(Banksy)는 원본 작품을 불태워버리고, NFT로 작품을 판매하기도 했다.

그리고 NFT는 이미지, 오디오, 텍스트, 게임 아이템 등 다양한 분야에서 활용할 수 있다. 좀 더 나아가서는 디지털 부

뱅크시는 NFT의 희소성을 위해 원본 작품을 불태웠다. ©Burnt Finance

동산, 행사 입장권까지 가능하다. 현실에서 등기부등본으로 부동산의 거래를 증명하듯이 NFT로 디지털상의 부동산 거래도 입증할 수 있다. BTS의 콘서트 티켓을 NFT로 거래할 수 있다면, 암표 거래와 같은 불법 행위는 불가능해진다. 그래서 기업에서 NFT에 주목하는 것이다.

NFT가 메타버스에서 하게 될 역할

블록체인을 기반으로 하는 메타버스 플랫폼 '더 샌드박스'에서는 메타버스 공간을 거래할 수 있다. 사용자는 자기가 구매한 공간을 원하는 방식으로 개발하거나, 다른 사용자에게 임대할 수도 있다. 이 모든 활동은 더 샌드박스의 암호화폐인

'샌드(SAND)'로 이루어지고, 현재 암호화폐 거래소에서 실제로 사고팔 수도 있다.

유명 패션 브랜드들은 현재 메타버스에서만 사용할 수 있는 한정판을 NFT로 판매하고 있다. 메타버스 사용자는 오프라인과 마찬가지로 고유한 한정판을 손에 넣을 수 있다. 앞으로 더 많은 기업이 현실뿐 아니라 메타버스에서도 브랜드를 홍보하고 제품을 판매하게 될 것이다.

메타버스에서 이러한 경제 활동을 할 수 있는 것은 NFT가 소유권을 증명해주기 때문이다. NFT와 메타버스는 현실과 가상세계를 연결하는 다리 역할을 하고 있다. 현실에서 하기 어려운 일도 NFT와 메타버스를 이용하면 쉽게 이룰 수 있다.

나이키에서 출시한 NFT 운동화 ⓒRTFKT

메타버스 시대에는 생산자와 소비자의 경계가 무너지고, 모두가 생산과 소비를 할 수 있다. 그리고 그 과정을 중앙 정부가 아니라 사용자들끼리 NFT로 확인하고 증명할 수 있다. 메타버스 안에서 새로운 경제가 펼쳐지고 있다. NFT와 메타버스를 효율적으로 활용할 수 있는 사람이 미래의 주도권을 가지게 될 것이다.

현재 아이들이 어른이 되면 NFT와 메타버스 시장은 상상 이상으로 커져 있을 것이다. 그때는 사람들이 NFT로 거래하는 것을 당연하게 생각할 것이다. 지금의 NFT는 초기 단계라서 기업들은 이 기술을 어떻게 활용할 수 있을지 여러 테스트를 하고 있다. 조만간 메타버스와 NFT를 현실과 연결하는 플랫폼이 나타나면, 그 플랫폼이 미래의 구글과 카카오톡이 될 것이다.

NFT와 메타버스 시장이 발전하고 성장할수록, 창의적으로 생각하고, 창작물을 만들어내는 역량이 중요해질 것이다. 문제를 외워서 잘 푸는 아이들은, 창의력을 중시하는 메타버스 시대에 뒤처질 가능성이 크다. 앞으로 남들과 다른 생각을 하고 새로운 가치를 만들 수 있는 아이들이 주목받을 것이다.

그러기 위해서는 부모님이 아이를 바라보는 시각을 바꾸어야 한다. 공부할 시간에 자꾸 다른 생각을 하는 아이를 다그치는 것은 도움이 되지 않는다. 엉뚱한 말을 하며 상상의 나래를 펼치는 아이에게 그만하라고 하는 게 아니라, 같이 상상을 펼칠 수 있도록 이끌어나가야 한다. 아이의 창의적인 생각을 인정하고 다양한 생각을 할 수 있도록 독려할 필요가 있다.

특히 메타버스 안에서 NFT를 활용하여 물건을 구매하고 거래하는 아이들에게 관심을 가져야 한다. 아이들이 살아갈 세상은 지금과는 다르다. 현재까지 교육하던 방식으로 아이들을 교육하는 것은 의미가 없다. 미래를 한발 내다보고 창의적인 생각을 할 수 있도록 도와야 한다.

우리 아이가 NFT와 메타버스 세상에서 살아나갈 힘을 주고 싶다면, 부모님들부터 먼저 NFT와 메타버스 세상을 살펴보기 바란다. 자세히 알면 알수록 미래가 보이게 되고, 미래 속에서 살아갈 우리 아이가 보일 것이다.

메타버스 네이티브가
추억할 세상

싸이월드와 메타버스

최근 싸이월드가 다시 돌아온다는 소식에 사람들이 술렁거렸다. 싸이월드는 미니홈피를 만들어서 친구들끼리 교류하던 SNS다. 싸이월드가 유행하던 당시 학생들은 저마다 미니홈피를 가지고 있었고, 도토리라는 가상화폐를 사용하여 아바타를 꾸미거나 배경음악을 샀다. 미니홈피에 친구와 함께 찍은 사진도 올리고, 간단한 기록도 남겼다. 싸이월드는 스마트폰이 등장하면서 점점 인기가 사그라지다가 서비스를 종료했다. 그런데 메타버스 열풍에 힘입어 싸이월드가 다시 돌아왔다.

싸이월드는 아이템을 구매하여 미니홈피와 아바타를 자기

취향대로 꾸밀 수 있고, 글과 사진을 남겨 다른 친구들과 소통할 수도 있다. 메타버스와 비슷한 점이 많지만, 실제로 아바타가 움직이거나 다른 활동과 연결되지는 못했다. 그러한 점을 보완하여 기존의 싸이월드와 연동되는 메타버스 플랫폼인 '싸이타운'이 나왔다. 싸이월드의 아바타가 움직이면서 활동할 수 있는 공간을 만든 것이다.

하지만 사람들이 바라는 것은 싸이월드의 추억이지 메타버스가 아닐 수도 있다. 싸이월드에는 90년대생의 추억이 담겨 있기 때문이다. 마치 학창 시절의 앨범을 살펴보는 것과 같은 느낌이다. 내가 잊었던 어릴 적 기억을 떠올리고 싶어서 그리워하는 것이다. 반면에 학창 시절을 떠올리고 싶지 않은 사람들은 싸이월드가 다시 돌아온 걸 기뻐하지 않는다. 그래도 사람은 살아가면서 과거를 자주 돌아보게 된다.

우리가 기억하는 2000년대는 새로운 변화가 태동하는 시기였다. 휴대폰을 처음 가지게 되는 나이가 중학교, 고등학교인 아이들이 많았다. 지금은 초등학교 입학 선물이 휴대폰이지만, 그때 휴대폰을 가진 초등학생은 많지 않았다. 컴퓨터가 보급되기 시작하면서 학교에서도 컴퓨터 교육이 이루어지기 시작했고, 인터넷의 속도가 얼마나 빠른지 광고를 하던 시기

싸이타운은 싸이월드와 연동되는 메타버스 플랫폼이다. ⓒ한컴프론티스

였다. 아이들은 휴대폰이 아니라 대부분 컴퓨터를 가지고 있었기에 싸이월드로 소통할 수밖에 없었다.

90년대생들의 '라떼는 말이야(나 때는 말이야)'는 휴대폰과 싸이월드일 것이다. 드라마 〈응답하라 1988〉의 후속작으로 '응답하라 2002'가 나올 수도 있다고 한다. 응답하라 시리즈의 시청자는 주로 이삼십 대가 많은데, 2002년에 학생이던 사람들이 현재 이삼십 대이기 때문이다.

그 시절과 비교하면 기술이 눈부시게 발전했다. 처음 휴대폰을 가졌을 때, 인터넷 버튼이 눌리면 요금폭탄이 나올까 덜덜 떨던 시대는 지나갔다. 와이파이를 이용하여 인터넷을 무료로 사용할 수 있는 장소들이 많고, 스마트폰에서는 못 하는 게 없다. 그렇다면 메타버스 네이티브는 현재를 어떻게 추억할지 한번 알아보자.

응답하라, 2022!

미국에는 이미 메타버스에만 존재하는 학교도 생겼다. 교육정책네트워크에서 정리한 '미국의 교육 분야 메타버스 운영 및 활용 현황'을 살펴보면 아메리칸 하이스쿨(American High School, AHS)이라는 미국의 학교에서 전 세계 학생들을 대상으로 중학교와 고등학교 교육과정을 온라인으로 제공하고 있다고 한다.

학생들은 가상 캠퍼스에 출석해서 수업에 참여하고, VR 기술이 적용된 교실에 모여 마치 실제 학교에서 만난 것처럼 활동한다. 그리고 VR 공간에서 인체를 관찰하기도 하고, 여러 과학 실험을 하기도 한다. 온라인만이 줄 수 있는 경험을 적극적으로 활용하는 학교다.

우리나라는 현재 미국과 같은 메타버스 학교는 없지만, 미래에는 메타버스 학교가 생길 수도 있다. 메타버스가 우리 삶 속에 완전히 스며들면, 아이들은 2022년을 메타버스를 처음 만난 때로 기억할 것이다. 우리가 2000년대를 휴대폰과 싸이월드를 빼놓고 떠올릴 수 없는 것처럼, 지금 아이들이 어른이 되면 메타버스에서 있었던 추억을 먼저 곱씹어 볼 것이다. 그런 세상에 우리는 살고 있다.

메타버스 네이티브의 '라떼는 말이야'는 메타버스를 활용한 기억들로 남을 수밖에 없다. 어른들은 미래를 살아갈 메타버스 네이티브가 과거를 생각할 때 메타버스 때문에 후회하지 않도록 도와줄 필요가 있다. 싸이월드를 부끄럽게 여겼던 기억은 미숙한 사용 때문이었다. 현재 메타버스 네이티브에게도 미숙한 사용으로 인한 부끄러움을 남겨줄 것인지 생각해봐야 한다.

미래의 메타버스는 지금보다 훨씬 진화한 형태로 바뀔 것이다. 메타버스의 최종 진화단계는 영화 〈매트릭스〉처럼 현실인지 가상인지 구분할 수 없을 정도로 정교한 세계일 것이다. 많은 전문가가 미래에는 뇌와 컴퓨터가 직접 연결되는 기술이 발달하여, 별도의 기기를 착용하지 않아도 가상세계로 바로 접속할 수 있으리라 기대한다. 어떤 사람들은 아주 먼 미래의 일이라고 생각할 수도 있다. 과연 그럴까?

구글에서는 매년 만우절 영상을 선보인다. 2014년, AR을 이용하여 몬스터를 잡는 게임 영상이 처음 등장했을 때 모두 '이렇게 상상력이 풍부하다니'라면서 웃어넘겼다. 그러나

포켓몬고는 구글의 만우절 영상에서 시작되었다. ⓒGoogle Maps

2016년에 실제로 포켓몬고라는 게임이 등장했다. 포켓몬을 잡기 위해 사람들은 스마트폰을 들고 전국을 탐험했다. 구글은 그다음에 자율주행 자전거를 만우절 영상으로 선보였다. 사람들은 다시 한번 재미있는 발상이라고 여겼다. 그런데 자율주행 자전거가 정말 등장했다. 물론 구글에서 직접 발명한 것은 아니었다. 이처럼 우리는 어떤 아이디어라도 기술로 빠르게 구현해볼 수 있는 시대에 살고 있다.

자동차만 보더라도 메타버스 시대가 가까이 오고 있다는 사실을 알 수 있다. 자동차의 전면 유리는 이제 디스플레이로 활용되고, 인터넷 연결도 가능하다. 자율주행 자동차가 개발되고 있으며, 만약 완전 자율주행이 가능하면 자동차는 이동 수단 이상의 의미를 가지게 된다. 자동차가 메타버스와 연동 되면, 사무실이나 학습 공간으로 활용될 수 있다. 자동차가 목 적지까지 자율주행으로 운전하고, 운전자는 메타버스로 업무 를 보면 된다. 자동차 분야도 메타버스와 연동하여 조금씩 우 리의 삶을 바꾸려고 하고 있다.

메타버스 네이티브에게 2022년은 메타버스를 만나고 즐기 던 해로 기억될 것이다. 그리고 평생에 걸쳐 메타버스와 함께 살아갈 것이다. 메타버스 네이티브를 위해서 우리가 할 수 있 는 것은 메타버스에 대한 긍정적인 추억을 심어주고, 올바른 이용 방법을 알려주는 것이다. 메타버스 네이티브를 좀 더 자 세히 들여다볼 필요성이 여기에 있다.

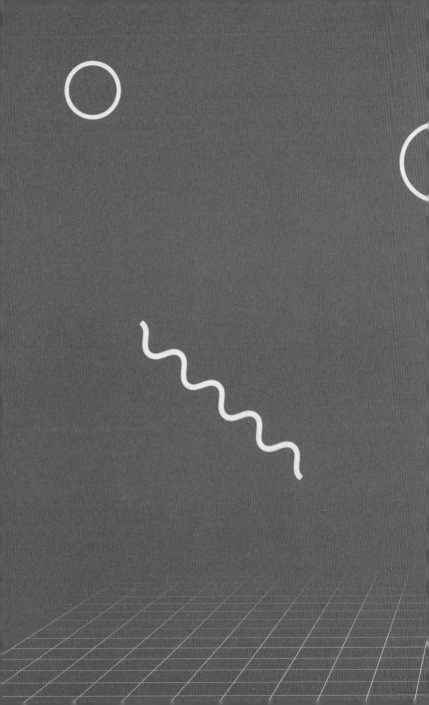

4장

메타버스와 함께할
미래교육

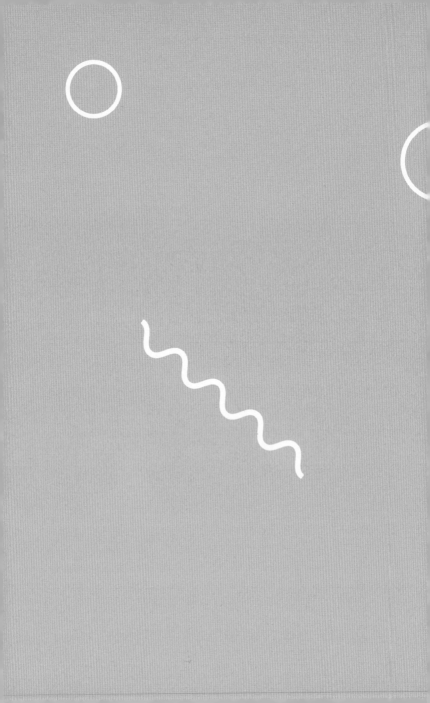

메타버스로 배우는 아이들

얌전히 수업만 들으면 안 된다

교실에는 정말 다양한 아이들이 있다. 수업을 열심히 듣는 아이도 있지만, 하루 종일 가위로 종이를 자르는 아이도 있고, 선생님 눈을 피해 친구와 얘기하는 재미로 학교에 오는 아이도 있다. 저마다 개성이 다양한 26명이 나란히 앉아서 수업을 듣는 모습을 보면 기특하기도 하고, 안쓰럽기도 하다.

큰 덩치에 불편한 교실 의자에 앉아 40분을 앉아서 공부하는 일은 쉬운 일이 아니다. 어른도 40분 동안 가만히 앉아서 설명하는 사람 한 명만 쳐다보고 있기 어렵다. 그러나 아이들은 매일 그 일을 해내고 있다. 당연히 기특하고 안쓰러울 수밖에 없다. 특히 사회나 과학을 교과서만 가지고 설명할 때 아이들은 정말 힘들어한다. 신규 교사로 멋모르고 최대한 많이 알려주는 것이 최고라고 생각하고 수업에 임했을 때 아이들이 정말 힘들어했다.

우리나라 정서상 선생님이 말하는데 토를 달거나 다른 의견을 내면 예의 없는 아이로 치부된다. 그럴 때마다 "어디 어른이 말하는데 눈을 똑바로 뜨고 토를 달아?"라는 꾸중을 듣는다. 어른들이 하는 부정적인 반응에 아이들은 익숙하다. 그래서 처음 모둠 활동을 하고 의견을 제시하라고 하면, 아이들은 긴장하고 말을 잘 하지 않는다. 특히 학년이 올라갈수록 그러한 현상이 심해진다.

1학년 때는 손을 번쩍번쩍 들며 아무 말이나 자신 있게 발표하는 아이들이 엄청 많다. 발표를 못 하면 토라져서 눈물을 글썽거리는 아이들도 있다. 그런데 학년이 올라가면 아이들은 점점 손을 들지 않고, 자신의 의견을 밝히길 꺼린다. 발표하면서 얻게 된 부정적인 이미지 때문일 것이다.

하지만 메타버스에서는 말을 할 수밖에 없다. 말을 해야만 진행이 되기 때문이다. 교실에서 얌전히 앉아 있는 아이는 살아남을 수 없다.

메타버스는 새로운 교육의 기회

"아니, 선생님. 세진이는 메타버스에서 다른 애 같아요."

"메타버스 프로젝트의 가장 큰 성과는 세진이의 변화라니 까요."

메타버스로 프로젝트 수업을 하면서 아이들이 한 말이다. 메타버스로 수업을 하다 보면 교실과 완전히 다른 모습의 아이들을 만나게 된다. 세진은 주목받는 것이 두려워서 교실에 아이들이 많이 있으면 문밖에 서서 기다리는 아이였다. 교실에 들어섰을 때 많은 아이가 동시에 자기를 쳐다보면 무섭다고 했다.

교사인 나도 가끔 그런 순간이 있다. 아이들이 눈을 초롱초롱하게 뜨고 나만 바라보고 있으면, 말을 꺼내기 어려울 때가 있다. 아마 그런 경험은 누구나 있을 것이다. 그런데 세진은 메타버스 수업을 하면서 완전히 달라졌다. 친구들이 맵을 만드는 것을 도와주고, 가장 적극적으로 모둠 활동을 주도했다. 평소 수업에서는 볼 수 없는 모습이었다.

세진은 학기 첫날부터 무표정한 모습으로 교실에 들어오지 않았다. 이러한 행동은 주로 1학년 때 나타나는 행동인데, 세진은 6학년이 되어서도 좀처럼 교실에 들어올 생각을 하지 않았다. 하지만 메타버스에서는 적극적으로 변했고, 어떻게 하면 메타버스뿐 아니라 현실에서도 적극적으로 참여하게 할 수 있을지 고민이 많았다. 그러다가 교장 선생님과의 대화에서 유튜브 영상 제작 동아리에 대한 아이디어가 나왔다. 유튜브 영상을 제작하고 메타버스도 같이 하는 동아리를 만들면 세진과 아이들이 자연스럽게 어울리지 않을까? 참고할만한 우수 사례가 적어서 준비해야 할 일이 많았지만, 코로나19 시대에 딱 맞는 활동이었다. 그래도 막상 시작하려니 걱정이 많아졌다. 나는 조용히 세진을 불렀다.

"세진아, 선생님이 유튜브 영상도 제작하고, 메타버스도 하는 동아리를 하나 만들까 해. 해볼래?"

세진은 조용히 고개를 끄덕였다. 안 한다고 할까 봐 내심 걱정했는데, 참여한다고 해서 다행이었다. 그래도 세진에게 몇 번이나 다짐을 받았다.

"이거 선생님이 세진이 때문에 시작하는 거야. 진짜 할 거지? 이거 하면 선생님도 일 엄청 많이 해야 해. 세진이가 한다고 하니까 하는 거야. 진짜 하는 거다."

세진은 과장된 반응에 눈살을 찌푸리다가도 같이 하자고 할 때는 어김없이 고개를 끄덕였다.

아이들을 데리고 새로운 활동을 하려면 각종 서류를 작성

해야 하고, 예산도 받아야 하고, 관리자와 의논도 해야 하는 복잡한 과정을 거쳐야 한다. 그리고 매주 정기적인 시간도 확보해야 한다. 메타버스 수업에, 코로나19로 방역까지 감당하느라 버거웠지만, 한번 도전해보기로 했다.

처음에 세진은 동아리에 들어오는 것도 망설였지만, 점점 자기 결과물을 적극적으로 발표하더니 나중에는 스트리밍까지 해냈다. 특히 안전지도를 만들 때 세진의 활약이 눈부셨다. 나도 같이한다고 했지만, 시간적인 여유를 확보하기가 쉽지 않았다. 교육청에서 도움을 요청하는 일들이 계속 있었고, 학교에서 맡은 역할도 작지 않았다. 오히려 내가 세진에게 도움을 많이 받았다. 세진은 각종 자료 수집부터 촬영까지 주도적으로 움직였다. 세진의 그런 모습을 보며 나뿐만 아니라 아이들도 감탄했다. 더 이상 교실에서 아무것도 하지 않고 조용히 시간만 보내던 모습이 아니었다.

세진은 좋아하는 교과도 없고 학업성취도도 낮았다. 하지만 동아리 활동을 하면서 세진의 학습 의욕도 올라갔다. 세진이 자기도 선생님 같은 선생님이 되고 싶다고 했던 날, 교실에서 혼자 눈물을 흘렸다. 매일 같

안전지도 소개 영상

이 남아서 메타버스 활동을 계획하는 과정이 아이에게는 엄청난 성장의 기회가 되었다. 세진을 보면 메타버스 네이티브가 어떤 존재인지 확실히 알 수 있었다. 메타버스 네이티브는 메타버스 안에서 무언가를 만드는 데 거침이 없었고, 그 안에서 말 그대로 날아다녔다. 메타버스 속 아이들은 모든 면에서 내 예상을 뛰어넘었다.

메타버스를 잘하는 아이들은 모범생처럼 보이지 않는다. 교실에서 먼 허공을 헤매고 있는 듯한 아이들이 메타버스에서는 비로소 활기를 띤다. 동아리를 구성할 때 선생님들은 똑똑하고 모범생인 아이들을 추천한다. 그러나 희망자로 동아리를 꾸리면 교실에서 기운이 없는 아이들, 메타버스에서 살아가는 아이들, 새로운 도전을 하고 싶은 아이들이 함께 모인다. 예전처럼 아이들을 교실에만 꽁꽁 묶어 놓는다면, 아이들이 세상으로 나가는 날개를 묶어 놓는 것이 될 것이다.

메타버스는
미래의 일자리와 이어진다

앞으로 사라질 직업들

"우리 돌잡이 다시 한번 할까? 지금 집은 건 사진 찍지 말고, 다시 한번 집으라고 해보자."

우리 아들 돌잔치 때 일어난 일이다. 전통상에서 아들은 오색 한지를 집었다. 오색 한지는 연예인이나 예술 분야에서 일하게 된다는 뜻이라고 했다. 아이돌이나 음악가가 되려나 보다 하고 빙그레 웃음을 지었는데, 할머니들의 생각은 달랐다. 할머니들은 잽싸게 눈빛을 주고받더니 다시 한번 돌잡이를 하자고 했다. 두 번째 집은 돌잡이에서 아들은 판사봉을 집었다. 판사봉을 들고 해맑게 웃는 아들의 돌잡이 사진이 아직도 집에 걸려 있다.

우리나라는 예로부터 아이가 미래에 무엇을 하며 살아갈지 관심이 많았다. 태어난 지 1년이 된 아이에게 미래의 직업을 스스로 선택하게 하는 돌잡이는 우리나라의 직업 정서를 보여주는 대표적인 사례다. 어른들은 돌잡이를 통해 아이가 미래에 어떤 직업을 가지게 될지 알아보았다. 돌잔치의 형태는 계속 바뀌고 있지만, 돌잔치에서 돌잡이는 절대 빠지지 않는다.

요즘은 돌잡이에 마이크도 올라오고, 골프채도 올라온다고 한다. 하지만 여전히 부모님들이 가장 선호하는 돌잡이 물건은 공부를 잘한다는 '연필'이나 돈을 잘 번다는 '돈'이다. 아직 공부를 잘해서 돈을 잘 버는 직업을 갖는 것이 가장 좋다고 생각하기 때문이다. 아이가 공부를 안 하고 있으면, 부모님 입에서 '뭐 해 먹고 살려고 하니?'라는 말이 먼저 나온다. 공부를 미래의 직업과 연결하는 것이다.

판사봉을 들고 있는 아들의 사진을 볼 때마다 웃음도 나지만 씁쓸한 기분이 들기도 한다. 판사는 미래에 없어질 직업으로 선정되었기 때문이다. 하지만 할머니들이 생각하기에 연예인은 앞으로 고생할 직업, 판사는 승승장구할 직업이다. 세상은 바뀌고 있지만, 사람들의 인식은 좀처럼 바뀌지 않는다. 판사봉을 집은 아이를 좋아하는 어른들을 보면서 사회의 변화 속도에 비해 사람들의 인식은 제자리걸음이라는 생각이 들었다.

2016년에 열린 세계경제포럼(World Economic Forum, WEF)에서 향후 10년 내로 인공지능이 대체할 확률이 90~100퍼센트에 이르는 직업으로 스포츠 심판, 텔레마케터, 법무사 등을 꼽았다. 법률은 수많은 데이터를 토대로 사건을 해석해야 한다. 인공지능은 데이터를 모아서 사례를 해석하여 판단을 내릴 수 있다. 인공지능은 데이터만 있으면 자동으로 학습해서 결과를 낼 수 있다. 법률은 객관적인 사실에 근거하기 때문에 아마 가장 인공지능이 잘 해낼 수 있는 분야일 것이다. 이미 미국에서는 인공지능을 활용하여 판결한 사례도 있다.

이제 아이가 돌잡이로 판사봉을 집었다고 좋아할 수 없다. 미래에는 판사도 지금처럼 유망한 직업이 아니기 때문이다. 세계경제포럼에서는 2016년 당시 7세 아이들이 성인이 되었을 때 60퍼센트는 현재 없는 새로운 직업을 가지게 되리라 예측했다. 그리고 글로벌 컨설팅 기업인 맥킨지의 2021년 리포트에 따르면 코로나19 이후의 직업 변화에 관해 설명하고 있는데, 단순 작업이나 사례를 해석하는 일은 모두 로봇이나 인공지능이 대체하게 될 것이라고 한다.

미래에 유망한 직업들

그렇다면 아이들이 미래에 가져야 할, 가질 수밖에 없는 직업은 무엇이 있을까? 사람들은 인공지능이 대체하기 어려운 문화와 예술 등의 창작 분야가 미래에도 유망할 것으로 많이 생각한다. 그러나 인공지능은 기사도 쓰고, 소설도 쓴다. 사람의 글과 인공지능의 글을 비교하면, 사람들은 인공지능이 쓴 글을 선호하기도 한다.

최근 인공지능 개발 기업에서 출시한 '달리 2(DALL·E 2)'는 텍스트를 이미지로 만들어 주는 인공지능이다. 초현실주의 화가 살바도르 달리의 이름과 로봇 애니메이션 영화 〈월·E〉의 이름을 합쳐 이름을 지었다. '우주인이 말을 타고 있는 장면'을 텍스트로 입력하면, 이 텍스트를 이미지로 생성한다. 달리 2의 작품을 보면 예술적인 느낌도 나고, 입력한 내용 그대로 이미지로 표현해준다. 인간의 고유영역이라 믿었던 예술도 인공지능이 잘 해내는 시대가 온 것이다.

정부에서는 인공지능 교육과 관련해서 많은 예산을 쓰고 있다. 인공지능을 다룰 수 있어야 미래에 아이들이 살아갈 수

달리 2가 '우주인이 말을 타고 있는 장면'을 표현한 이미지다. ⓒDALL·E 2

있다고 판단했기 때문이다. 직업 관련 연구소에서 발표하는
자료들은 인공지능으로 인한 사회 변화에 주목하고 있다. 그
리고 메타버스의 등장에 따라 관련된 직업에 대해서도 주목하
기 시작했다. 각 교육청에서도 메타버스 플랫폼을 활용한 각
종 교육을 시도하고 있다. 실제 교사 연수나 교육 사례 발표를
메타버스에서 여는 사례도 많다. 메타버스로 연수를 해보면서
메타버스를 긍정적으로 생각하게 된 분들이 많아졌다.

　미래 사회가 변화하면 당연히 유망한 직업도 바뀌게 될 것
이다. 과거에 있었던 직업들이 현재에 사라졌듯이, 현재의 직
업도 미래에는 사라질 수 있다. 그리고 과거에 없었던 직업들
이 현재에 생겨났듯이, 현재에 없는 새로운 직업이 미래에 나

올 수 있다. 벌써 메타버스 맵 제작 전문가나 메타버스 아바타 디자인 전문가가 새로운 직업으로 등장했다. 마케팅 영역도 메타버스로 확장되고 있다.

불과 몇 년 전만 해도 유튜브에 모든 정보가 모이리라 생각하기 힘들었다. 그런데 지금은 어떤 정보를 찾으려면 유튜브에서 먼저 검색하게 된다. 동시에 유튜브와 관련된 직업도 많이 생겨났다. 미래에는 메타버스와 관련한 다양한 직업들과 함께 우리가 상상하지도 못한 직업들이 등장할 것이다.

세상은 매일 바뀌고 있고, 메타버스 네이티브인 10년생들이 살아갈 미래는 지금과 다른 세상이 펼쳐질 것이다. 현재 데이터 관련 전문가들의 몸값이 뛰고 있듯이 미래에는 메타버스 관련 직업들의 몸값이 뛰고 있을 것이다.

만약 지금 내게 아들의 돌잡이를 다시 하라고 한다면 마우스나 VR 기기를 놓고 하지 않을까 싶다. 그만큼 메타버스 쪽에 기회가 열려 있기 때문이다. 이러한 시대에 아이들에게 책상에 앉아 암기 공부만 시키는 건, 아이들의 미래를 막는 일이 될 수도 있다.

메타버스 네이티브가 메타버스를 열심히 탐험하고 콘텐츠를 생산하고 있으면, 대부분 어른은 "넌 커서 뭐 먹고 살려고 하니?"라고 하면서 메타버스를 못 하게 막을 것이다. 이러한 통제는 오히려 아이가 미래를 준비하지 못하게 만드는 어리석은 행동일지도 모른다.

미래 교육의 핵심은 무엇일까?

중요한 것은 과정과 연결

"아니, 그래서 도대체 어떻게 공부를 가르치라는 거예요?"

"메타버스를 무작정 시키면 되는 거예요?"

메타버스 교육의 필요성을 강의할 때마다 나오는 질문이다. 시대의 변화를 설명하고, 메타버스가 아이들 사이에서 얼마나 보편화되었는지 말하면 이러한 질문이 따라오는 것은 당연하다.

메타버스 시대에서 중요한 것은 창작하는 과정이다. 그 과정이 메타버스가 지니는 가장 큰 장점이다. 또 한 가지 장점은 연결성이다. 이 세상에 있는 정보를 플랫폼으로 연결하는 연결성이 중요하다. 그래서 아이들에게 창작하는 과정과 정보를 연결하는 능력을 길러주는 것이 필요하다. 이러한 능력은 책상에 앉아서 공부만 한다고 얻어질 수 있는 것이 아니다.

우리나라는 교육전문가를 자처하는 사람이 정말 많다. 아이를 키우는 부모도 교육전문가다. 교사도 교육전문가고, 장학사도 교육전문가다. 그런데 교육에 대한 시각은 저마다 모두 다르다. 학부모는 어떤 교육전문가를 만나든 항상 명확하고 공통적인 길을 제시해주길 바란다. 교육 관련 책들은 꾸준히 팔리고 있으며, 각 방송 프로그램에서도 수시로 교육을 말한다. 그만큼 교육에 관심이 많다. 그러나 내 아이에게 딱 떨어지는 공부법은 어디에도 없다. 내 아이에게 맞는 교육 방법을 찾으면서 변화의 흐름에서 엇나가지 않아야 한다.

그렇다면 메타버스를 어떻게 지도하면 좋을까? 교육은 시대의 변화를 따라갈 수밖에 없고, 시대의 변화에 따라서 사회에서 요구하는 인재상도 달라진다. 현재 우리나라 교육은 '2015 개정 교육과정'에 맞춰서 미래 사회가 요구하는 핵심 역량을 기르는 것에 초점을 두고 있다. 학생들이 스스로 문제를 분석하고 해결하는 역량이 가장 중요하다. 메타버스도 마찬가지다. 아이들이 메타버스 안에서 스스로 상황을 판단하고 행동하게 만드는 과정이 필요하다. 역량 중심으로 교육과정이 바뀌면서 '과정중심평가'가 중요해졌다. 과정중심평가란 시험 성적이 아니라, 학생이 수행하는 과정에 중점을 두고 평가하는 것이다.

그동안 교육에서 '평가'란 학생들이 얼마나 알고 있는지 확인하고 줄을 세우기 위한 의미였다. 경쟁에서 살아남기 위해서는 남들보다 더 공부를 많이 해야 했다. 우리가 공부할 때 '사당오락'이라는 말을 들어본 적이 있을 것이다. 4시간 자면서 공부하면 합격하고, 5시간 자면서 공부하면 불합격한다는 뜻이다. 공부하는 시간이 그만큼 중요했고, 공부 방식은 대부분 내용을 암기하는 것이었다. 천자문을 외우듯이 교과의 내용을 외우고, 객관식 시험을 통해 평가했다.

제7차 교육과정의 '수준별 교육과정'도 처음 목적은 아이들의 수준에 따라 적합한 교육을 하는 것이었다. 그러나 실제로는 아이들을 성적으로 낙인찍는 결과가 나왔다. 잘한 아이는 100점, 그렇지 못한 아이는 0점, 60점 아래는 부진아여서 보충수업을 해야 한다는 식이었다.

그러나 역량을 중시하는 교육과정에서는 아이가 지식만 아는 것은 중요하지 않다. 이제 웬만한 정보는 인터넷으로 검색하면 모두 나온다. 코로나19로 온라인 수업이 계속되면서 지식만 전달하는 수업은 큰 의미가 없다는 것이 증명되었다. 아이들은 메타버스에서 수동적으로 주어진 일만 하지 않고 능동적으로 다양한 활동을 하고 있다. 메타버스는 미래 사회의 핵심 역량을 기르는 도구가 될 수 있다.

프로젝트 수업과 과정중심평가

"선생님, 이거 제가 해볼게요."

"내가 이거 조사할 테니까, 너는 이거 조사해올래?"

아이들이 프로젝트 수업에서 자연스럽게 나누는 대화다. 프로젝트 주제를 정하면 아이들은 그 주제를 함께 조사하고 발표해야 한다. 이때 메타버스를 활용하면 아이들의 생각을 모으고 토론하는 데 훨씬 도움이 된다. 물을 끌어 올릴 때 물이 나올 수 있는 마중물의 역할을 메타버스가 할 수 있는 것이다.

아이들과 함께 메타버스 안에서 세계여행을 주제로 프로젝트 수업을 진행한 적이 있다. 우선 원하는 대륙으로 모둠을 나누고, 대륙 안에서 각자 한 나라씩 조사한다. 그리고 모둠별로 메타버스 안에 대륙을 나타낼 수 있는 공간을 구성하는 것이다. 각 대륙의 공간마다 조사한 나라에 대한 소개와 퀴즈가 있다. 총 6개의 모둠으로 나뉘어 학생들은 세계 여러 나라를

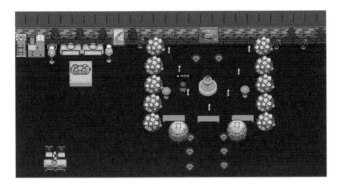

세계여행 프로젝트에서 유럽 대륙을 소개하는 공간

직접 조사한다. 그리고 조사한 내용을 메타버스에 구현하고, 다른 모둠을 찾아가 확인하는 과정을 거친다.

수업 중에 교사는 중간중간 프로젝트 진행 상황을 확인하고 평가한다. 처음 시작할 때 모둠을 정할 수 있게 도와주는 일, 완성되었을 때 전체의 모습, 중간에 필요한 이론적 보충이 교사가 할 일이다. 학생들도 다른 모둠이 어떻게 진행하는지 확인과 평가를 거듭한다. 다른 사람의 작업물을 확인하는 것도 메타버스 교육의 중요한 점이다.

학생들이 평가한 자료들은 메타버스에 링크로 연결된 온라인 메모 사이트인 '패들렛'에 각자 적어서 공유한다. 이와 같은 자료가 누적되면서 과정 자체도 평가가 된다. 평가자도 다양하고 평가 방법도 다양하므로, 단편적이지 않고 입체적으로 수업 과정을 평가할 수 있다.

초등학교의 대부분 평가는 이렇게 프로젝트 안에서 이루어진다. 공간을 메타버스로 옮기면 프로젝트가 자연스럽게 이루어진다. 학생들이 정해진 답만 하는 일방적인 평가가 아니기 때문에 수업 중에 어떻게 참여하고, 어떤 과정을 보이는지 중요하다. 이렇게 수업을 진행하면 아이들은 교과서에서 얻는 것 이상의 성과를 얻을 수 있다. 어른들이 책만 읽는다고 모든 지식을 자신의 것으로 만들 수 없듯이, 마찬가지로 아이들도 직접 만드는 과정을 통해서 배우고 성장할 수 있다.

프로젝트 수업을 진행해보면 교과서만 가르칠 때는 알 수 없었던 아이들의 숨겨진 능력에 놀라는 경우가 많다. 사실 교사는 프로젝트를 시작하기 전에 두려움을 느낀다. 혹시 아이들이 제대로 하지 못하면 어떻게 할지, 아이들이 막힐 때 어떤 도움을 줄지, 실패하면 어떻게 해야 할지 겁나기 때문이다.

집에서 부모님이 아이들을 바라볼 때도 마찬가지다. 메타버스를 하는 아이를 어떻게 대해야 할지도 모르겠고, 메타버스만 하다가 아이들이 잘못될까 봐 두렵다. 그런데 막상 아이들이 하는 과정을 보면 생각이 바뀐다. 미래 사회가 원하는 인재상을 바로 느낄 수 있다.

무작정 외우고 정해진 답만 할 줄 아는 인재는 사회에서도 원하지 않는다. 현재 직장 생활을 하는 사람이라면 누구나 공감할 것이다. 메타버스 네이티브가 사회에 나가게 된다면 더욱 과정을 중시하게 될 것이다. 그러니 어른들도 단순히 결과에 집중하기보다 과정을 격려하는 것이 꼭 필요하다.

수업 시간에 새롭거나 엉뚱한 말을 한다고 걱정하는 게 아니라, 왜 그런 말을 하게 되었는지 과정에 주목할 필요가 있다. 책상에 앉아서 공부만 하면 바보가 되는 시대가 왔다. 메타버스를 통해 과정에 주목하고, 스스로 문제를 해결하고 나아가는 과정을 알려주는 것이 필요하다.

메타버스 시대를 위한 교육과정

일제고사가 통하지 않는 시대

"그래. 메타버스 좋아. 그래도 시험공부는 따로 열심히 해야지."

"선생님, 저희 아이가 학급에서 몇 등 정도 되나요?"

"공부 못하는 아이들에게나 필요한 건가 보네. 우리 아이는 공부 잘해요."

학부모 상담을 하면 부모님들의 관심은 크게 두 가지로 압축된다. 첫 번째는 성적이고, 두 번째는 교우관계. 학년이 올라갈수록 아이 성적에 대한 부모님들의 관심은 더욱 뜨거워진다. '공부가 다가 아니야, 건강하면 됐지'라고 생각하면서도 아이의 성적을 알고 싶어 한다.

초등학교에서는 과정중심평가의 도입으로 학생들의 명확한 점수가 나오지 않는다. 그래서 부모님들은 학원에서 보는 시험으로 아이의 실력을 판단한다. 단원평가에서 100점을 맞으면 아이가 잘하고 있다고 생각한다.

아무리 세상이 달라져도 부모님들은 여전히 '시험을 잘 쳐서 좋은 대학에 입학해야지만, 좋은 직장에 취업할 수 있다'라는 공식을 믿어 의심치 않는다. 교육의 무서운 점은 자기가 어릴 때 받은 교육이 어른이 되어서까지 큰 영향을 준다는 것이다. 부모님들이 어릴 때 경험했던 '일제고사'라는 평가 방식을 지금도 바꾸기 어려운 이유 중의 하나다.

한때 전국의 모든 학교에서 똑같은 시험을 치르고 학력을 평가한 적이 있었다. 무수한 시행착오를 거치고 없어지긴 했지만, 전국에서 우리 학교와 우리 지역의 점수가 얼마인지 줄을 세우는 평가를 긍정하는 사람도 생각보다 많았다. 일제고사에 긍정적인 사람은 '평가는 모두가 똑같은 시험을 보는 것'으로 생각하기 마련이다.

물론 대학수학능력시험은 아직도 중요하지만, 평가의 패러다임이 바뀌고 있다는 사실에 주목해야 한다. 메타버스가 등장하기 이전부터 평가 방식의 변화는 예고되었다. 경기도 교육청은 2017년에 일제고사 전면 폐지와 '성장중심평가'를 선언했다. 그리고 진단평가도 진단활동 주간으로 변경하여 운영하고 있다. 교육부에서도 '과정중심평가'를 강조하며, 평가 방식을 새롭게 정의하고 있다. 이제 평가 방식과 함께 교육과정도 시대에 발맞춰 바뀌고 있다.

자기주도적으로 문제 해결하는 시대

메타버스 시대는 정해진 것들을 익히고 수행하는 것이 아니라, 자기가 스스로 기준을 만드는 시대다. 메타버스와 게임의 가장 큰 차이점은 사용자의 주도성 여부다. 게임은 단순히 주어진 길을 따라 움직이지만, 메타버스는 길을 스스로 만들어 나갈 수 있다.

현재 모든 메타버스 플랫폼에서 사용자는 소비자와 생산자를 겸하는 프로슈머로 활동하고 있다. 개발자가 만들어 준 것만 일방적으로 소비하지 않고, 자신의 취향에 맞춰 새롭게 창조하며 활동하는 것이다. '2022 개정 교육과정'에서도 이러한 자율적인 부분을 더욱 강조하고 있다.

학교에서 수업이 이루어질 때도 교육과정을 재구성하여 역량을 중심으로 수업을 하는 경우가 많다. 초등학교는 교과별 수업을 통합하여 프로젝트로 진행하는 경우가 많은데, 그런 프로젝트 수업일수록 역량을 강조할 수밖에 없다. 교과의 내용보다는 미래 사회에 필요하다고 생각하는 역량이 중심이 된다. 초등학교 6학년 학생들은 프로젝트의 기획, 설계, 제작에 이르기까지 주도적으로 진행할 수 있다. 교사는 조력자로서 역할을 담당하게 된다. 이 과정에서 가장 필요한 것은 무엇일까?

바로 자기주도적으로 문제를 해결하는 역량이다. 교과의 지식은 이제 인터넷으로 찾으면 전부 나오는 시대다. 대략적인 얼개가 머릿속에 있어야 검색하는 것도 가능하지만, 세부적인 내용들은 머리에 넣어두지 않아도 검색으로 바로 찾아볼 수 있다. 프로젝트 수업은 학교에서 다양한 방식으로 이루어지고 있다. 학생들은 이제 스스로 만들고 수정하는 과정을 통해 배우고 성장하고 있다. 왜냐하면 주도적으로 문제를 해결하는 과정이 미래에 꼭 필요한 역량이라고 생각하기 때문이다.

단순 암기 학습만으로는 메타버스 시대에서 해낼 수 있는 일들은 많지 않다. 2차 산업혁명 시대에는 단순 반복하는 동작들이 많고, 책에 있는 지식을 외우고 적용하는 것이 가장 현명한 학습 방법이었다. 그러나 4차 산업혁명과 메타버스 시대에는 다른 사람과 주도적으로 논의하고 활동하는 능력이 필요하다. 창의적으로 사고하고 협력하여 과제물을 완성하는 과정이 메타버스 시대에는 무엇보다 중요할 것이다.

메타버스 시대에 필요한 인간상

메타버스 시대에 사회가 원하는 인간상은 분명 자신의 공간을 스스로 구축할 수 있는 사람이다.

미국의 CNBC 방송에 따르면 2020년 1,200명의 개발자가 로블록스 게임으로 벌어들인 수입이 평균 1만 달러고, 여기서 상위 300명은 평균 10만 달러를 번다고 한다. 메타버스에서 자기만의 공간을 만들어서 벌어들이는 수입이다. 앞으로 메타버스 사용자가 늘어날수록 이 시장은 점점 커질 것이다.

이러한 변화 속에서 살아남으려면, 수동적으로 학습 내용을 익히는 사람이 아니라, 자기 생각을 주도적으로 표현하고 창조적인 아이디어를 만들어내는 사람이 되어야 한다. 메타버스 시대가 펼쳐진다는 것은, 아이들이 자기 생각을 펼칠 수 있는 기회가 많아지는 세상이 온다는 뜻이다. 이러한 상황에서 아이들의 수업은 달라질 수밖에 없다.

앞서 말했듯이 메타버스 공간을 이용한 프로젝트 수업에서 아이들은 다른 사람의 결과물을 살펴보면서 자연스럽게 여러 개념을 접할 수 있다. 평가는 어떤 한 포인트에서 이루어지는 것이 아니라 배우는 과정이 곧 평가고, 평가가 곧 배우는 과정이 된다. 메타버스 시대에 무조건 시험공부만 열심히 하는 것은 어불성설이다.

시대는 변화하고 있고, 이에 따라 평가의 패러다임도 변화하고 있다. 마냥 아이에게 책상 앞에 앉아 책을 들여다보라고 하는 것은 오히려 아이의 생각을 저해하는 것이다. 아이들이 좀 더 다양한 세계를 접하고, 그 속에서 자신의 의견을 표현할 수 있도록 독려하는 것이 필요하다.

학생이 주도적으로 자신의 공간을 설계하고, 그러한 활동이 성장으로 이어져야 한다. 그러므로 어른들도 마냥 메타버스를 떨어져서 볼 것이 아니라 학생들이 메타버스 안에서 어떻게 배우고 성장할 수 있는지를 살펴봐야 할 시점이다.

메타버스가 교육에 필요한 이유

메타버스는 아이들이 스스로 배우고 성장할 수 있게 해준다. 실제 아이들과 메타버스를 활용한 교육을 하면서 그 결과를 직접 확인할 수 있었다. 메타버스가 교육에 필요한 이유를 네 가지로 정리했다.

1. 새로운 경험으로 학습 이해력 향상

메타버스 교육은 새로운 경험을 제공해서 아이들의 학습 이해력을 높일 수 있다. 메타버스 네이티브인 10년생 아이들은 책을 읽는 것보다 유튜브 영상을 보는 것에 더 익숙한 세대다.

메타버스 네이티브는 스위스의 발달심리학자인 장 피아제

(Jean Piaget)의 '인지발달론'에 따르면 '구체적 조작기'에 해당한다. 구체적으로 실제 물건이나 그림을 봐야 이해가 되는 나이라는 의미다. 아이들이 새로운 경험을 접하면 학습 이해력이 향상되는 것은 당연하다. 글로만 이루어진 내용보다 그림이나 물건 등을 통하면 훨씬 몰입해서 공부할 수 있다.

예를 들어 AR이나 VR을 활용하여 화산 폭발 장면이나 등고선이 만들어지는 과정을 입체적으로 실감 나게 본다든지, 환경의 변화에 따라서 새로운 경험을 할 수 있으면 아이들의 이해도가 높아질 수밖에 없다. 단순히 영상을 보는 것에서 멈추지 않고, 메타버스 안에서 조작하는 경험까지 더해지면 아이들이 이해하는 데 큰 도움을 줄 수 있다.

2. 높은 학습 동기 유발

학습에서 스스로 공부하도록 동기를 유발하는 것은 매우 중요하다. 앞서 말했듯이 메타버스 네이티브는 재미가 있어야 흥미를 느낀다. 재미가 학습 동기의 전부는 아니지만, 중요한 요소인 것은 틀림없는 사실이다.

아이들은 직접 메타버스 공간을 꾸미는 경험을 흥미롭게 생각한다. 친구들과 함께 공간을 꾸미는 경험은 아이들에게 높은 학습 동기를 유발할 수 있다. 메타버스를 활용하면 혼자라는 생각이 들지 않고 친구들과 함께한다는 실재감을 줄 수 있어 집중력에도 긍정적인 영향을 끼친다.

메타버스 네이티브는 자기들이 하는 메타버스가 학습과 연결된다는 점에 놀란다. 그리고 자신이 무엇보다 잘할 수 있는 것으로 학습하기 때문에 즐거워한다. 골프를 좋아하는 사람이 작은 공을 볼 때마다 골프공을 연상하는 것처럼, 메타버스 네이티브에게 메타버스로 하는 학습은 즐거운 놀이가 연상된다. 자기 삶과 학습이 연결될 때 아이들은 더욱 큰 관심을 기울인다. 그래서 메타버스를 활용한 교육은 아이들의 높은 학습 동기를 끌어낼 수 있다.

3. 수준 및 흥미에 따른 개별화 교육

메타버스를 수업에 적용해보면 개별화 교육이 가능하다는 사실에 놀라게 된다. 메타버스에 학습 관련 공간을 만들면, 아이들은 그 안을 돌아다니면서 자신의 수준과 흥미에 맞는 내용을 먼저 찾는다. 교실에선 모두가 같은 수업을 들어야 하고, 만약 선택권이 있더라도 공간의 제약으로 행동이 제한적일 수밖에 없다. 그러나 메타버스는 공간의 제약이 없다.

학습 수준이 낮은 아이가 자연스럽게 다른 공간으로 들어가 개별 학습을 할 수 있다. 학습 수준이 높은 아이는 자기가 공간을 배치하고 자료를 만들어가며 역량을 높일 수 있다. 자기가 흥미 있는 분야에 맞춰서 수준별로 학습이 가능하다. 교실에서는 수준별로 시간을 배분하기 어렵고, 인터넷 자료를 적극적으로 활용하기 어렵다. 그러나 메타버스에서는 더욱 손쉽게 이루어질 수 있다.

4. 미래 변화를 체험하고 그에 맞는 역량 향상

메타버스로 미래는 변화할 것이다. 메타버스를 활용한 교육으로 아이들은 미래의 변화를 체험해보고, 미래에 꼭 필요한 역량도 기를 수 있다.

아이들은 메타버스에서 다른 사람과 협력하면서 문제 해결 능력과 온라인 공간의 에티켓을 자연스럽게 배울 수 있다. 그리고 메타버스를 이용하면 공간의 제약을 뛰어넘을 수 있어서, 인프라가 부족한 농어촌에서도 다양한 정보를 접할 수 있다. 또한 다른 지역에 있거나 해외에 있는 사람과도 쉽게 연락하고 소통할 수 있다.

4차 산업혁명의 영향으로 교육과정에 코딩과 인공지능이 도입된 것처럼, 메타버스의 활용은 앞으로 다가올 미래 사회를 미리 학습하는 것이다. 그에 따른 역량을 기를 수 있는 것은 당연하다.

이처럼 메타버스를 활용한 교육은 다양한 장점이 있다. 메타버스를 수업에 활용해보면 교육의 새로운 가능성과 아이들의 놀라운 학습 효과에 감탄하고, 미래 교육에 있어 메타버스가 중요하다는 사실을 직접 깨달을 수 있다. 아이들이 미래 사회를 살아가기 위해 꼭 필요한 역량을 메타버스에서 키울 수 있다는 사실을 명심해야 한다.

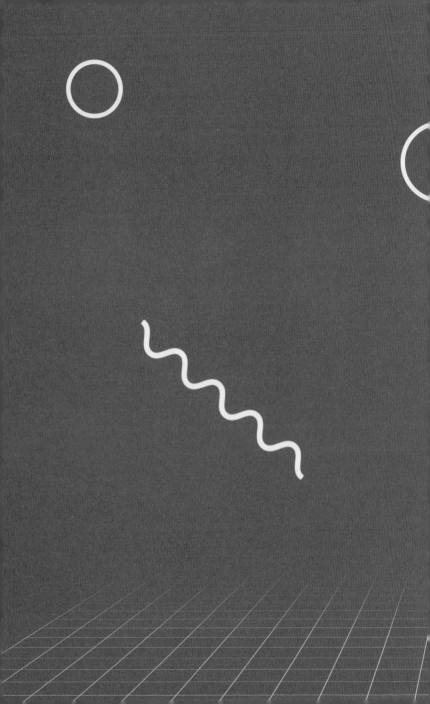

5장

메타버스 이주민의 역할

바뀌는 시대, 바뀌는 세대

새로운 관점이 필요하다

코로나19로 인해 학교와 가정은 그야말로 아수라장이었다. 모든 사람이 화상 수업을 위해 관련 기기를 준비하고, 접속하는 방법을 익히느라 정신이 없었다. 컴퓨터 활용 능력이 떨어지는 아이들은 줌에 적응하는 데도 시간이 꽤 걸렸고, 많은 학부모님이 컴퓨터 사용 시간을 제한해서 수업 중에 아이들이 사라지는 당황스러운 상황이 여러 번 반복되기도 했다.

그리고 화상 수업으로 인해 학습 방식도 바뀔 수밖에 없었다. 강의 방식으로 화상 수업을 진행하면 아이들이 수업에 집중하지 못해서, 화상 수업은 아이들이 수업에 열심히 참여할 수 있도록 하는 것이 핵심이었다. 교사들도 줌으로 연수를 할 때 40분이 넘어가면 정말 엉덩이가 들썩거린다. 일방적으로 다른 사람의 말을 40분이나 듣는 것은 결코 쉬운 일이 아니다. 집이라는 가장 편한 공간에서 들어도 힘들다. 더군다나 아이들은 몸에 에너지가 많아서 가만히 앉아 있는 게 더 힘들다. 교실 수업이라면 수시로 주의를 환기하고, 노래나 율동도 하고, 모둠별로 움직이며 진행했겠지만, 화상 수업에서는 불가능한 방식이었다.

모든 수단을 총동원한 결과 메타버스가 종착점이 되었다. 학생들은 메타버스에서 교실에 있는 것처럼 수업에 참여할 수 있었고, 다들 생동감이 넘쳤다. 메타버스를 통해 우리는 새로운 가능성을 발견했다.

흔히 메타버스를 하면 컴퓨터 사용 시간이 늘어나 아이들의 학습 능력이 떨어질까 봐 걱정한다. 그러나 역량 측면에서 봤을 때, 메타버스를 활용한 교육은 아이들의 역량 향상에 더 도움이 된다. 요즘 초등학교 교과서는 학생들이 조사하여 발표하는 내용이 국어, 사회, 과학 등 교과 전반에 걸쳐서 나온다. 메타버스는 그 과정을 온라인으로 연장하여 진행하는 하나의 도구로 활용되는 것이다.

메타버스 공간에 학습 내용을 반영하기 위해 다양한 관점으로 생각할 수밖에 없다. 공간을 꾸미는 것은 종합적인 사고가 필요하다. 놓을 물건부터 위치, 분위기까지 고려되어야 한다. 아이들은 어떻게 하는 것이 좋은지 친구들과 의견을 나누고, 스스로 관련 자료들을 찾아볼 수밖에 없다. 다른 친구들이 쉽게 이해하려면 어떻게 공간을 구성해야 할지, 자기가 만든 것을 설명하려면 어떻게 해야 할지 등 다양한 요소를 고려하면서 토의하고 결정한다.

이러한 과정에서 길러지는 역량들이 책상 앞에서 공부하는 것으로 대체할 수 있다고 생각하는 사람은 없을 것이다. 책상 앞에서 공부만 하는 학생들보다 직접 메타버스에 뛰어들어 다양한 공간을 창의적으로 꾸미는 학생들의 역량이 높을 것이라는 건 누구나 알 수 있다.

우리는 그런 시대를 눈앞에 두고 있다. 앞으로 아이들이 만날 세상도 마찬가지다. 다른 사람의 지식을 단순히 받아들이는 것이 아니라, 지식을 재가공하여 자기만의 방식으로 표현하고, 상상력을 더한 공간에 자기의 개성을 드러내고, 다른 사람과 의견을 나누어 더 좋은 생각을 끌어내는, 이러한 역량을 종합하여 메타버스 안에서 살아가야 한다.

누가 말리면 더 하고 싶다

"그래도 불안해요. 혹시 잘못 사용해서 나쁜 길로 빠지면 어떻게 해요?"

"학교폭력 문제에 연루된다든가, 저작권 침해로 문제가 발생하면요?"

메타버스와 관련해서 대화를 나누고 나면, 모든 부모님과 선생님은 메타버스의 필요성에는 동감한다. 하지만 걱정을 지울 수가 없다. 학교폭력이나 저작권 침해 문제가 신경이 쓰이기 때문이다. 자식은 언제나 물가에 내놓은 것 같다. 새로운 것은 항상 설렘과 두려움을 동반하기 마련이다. 메타버스 네이티브의 사고방식을 모르면 더 걱정할 수밖에 없다.

처음 인터넷 쇼핑이 도입되던 때를 생각해보자. 그때 인터넷으로 물건을 산다고 했을 때 우리 엄마는 불호령을 내렸다. 물건을 어떻게 보지도 않고 살 수가 있냐며 사기가 분명하다고 했다. 나 역시도 약간의 미심쩍은 부분들이 있었기 때문에 이내 포기했다. 그러나 몇 년 후 인터넷 쇼핑이 보편화되자 우리 엄마는 이제 원하는 물품의 링크를 공유하는 방법도 능숙하게 해낸다. 코로나19 시대에 인터넷 쇼핑이 없었다면 모두 엄청난 불편을 감수하며 살아야 했을 것이다. 인터넷으로 물건을 주문하고 다음 날에 바로 받아 볼 수 있는 편리함은

겪어본 사람만이 알 수 있다.

메타버스도 마찬가지다. 시대의 흐름이 크게 바뀌고 있기 때문에 우리는 그 흐름을 따라갈 수밖에 없다. 메타버스 사용자는 꾸준히 늘고 있고, 아이들은 매일 메타버스에서 새로운 경험을 친구들과 공유하고, 기업들도 너도나도 움직이고 있다. 이미 메타버스의 흐름은 큰 파도가 되어가고 있다. 현재 10년생 메타버스 네이티브는 자라서 메타버스를 자유자재로 활용하는 삶을 살아갈 것이다. 이러한 상황에서 아이를 변화의 파도 속에 아무런 장비 없이 그냥 내보낼 것인가? 아니면 잘 활용할 수 있도록 가르쳐서 서프보드에 태워 내보낼 것인가? 당연히 후자일 것이다.

메타버스를 수업에서 활용해본 아이들은 어른들의 걱정은 기우에 불과하다고 입을 모아 말한다. 학습에 방해가 될 정도로 사용하지 않으며, 오히려 억압하면 더 튀어나오고 싶다는 것이다. 어른들이 말리면 오히려 계속하고 싶지만, 자기들이 규칙을 정하면 안전하게 활용할 수 있다고 한다. 아이들도 최소한의 규칙은 있어야 한다는 것에 동의한다. 그리고 그러한 규칙을 지금, 초등학교 시절에 익히는 것이 훨씬 도움이 될 것이다.

"공부하려고 책을 막 펴기 시작하면, 엄마가 와서 공부하래요. 그럼 더 공부하기 싫어요."

"와, 우리 엄마도. 우리 엄마는 2시간 넘게 공부하다가 유튜브 보려고 막 켜면 들어와서 공부하라고 해요."

누가 말리면 더 하고 싶은 것이 사람의 심리다. 우리도 어렸을 때 공부하려고 마음먹었다가 부모님이 시키면 청개구리처럼 반대로 행동하고 싶은 기분을 느꼈다. 아이들도 마찬가지다. 부모님이 하지 말라고 하면 더 재미있어 보이고, 더 갈증이 생긴다.

그래서 아이들이 메타버스를 올바르게 활용할 수 있도록 적극적으로 판을 깔아주고, '메타버스 에티켓'과 '메타버스 리터러시' 능력을 길러주는 것이 필요하다. 어른들이 메타버스 시대를 살아갈 아이들을 위해 꼭 해야 할 일이다.

메타버스 에티켓에 관한 약속

    현재 학교에서 아이들과 함께 메타버스 에티켓에 대해서도 같이 학습하고 있다. 아이들은 저작권과 대화, 학습과 검색 등 메타버스의 올바른 활용에 필요한 내용을 수시로 익히면서, 메타버스를 이용해본 경험을 토대로 자기들만의 에티켓도 정리하고 있다.

    메타버스를 활용하면서 어떤 점이 불편했으며 무엇을 주의하면 좋은지, 메타버스를 더 잘 활용하기 위한 팁을 정리해봤다. 저작권 확인과 바른말 사용하기, 학습 위주의 사용과 검색 방법 등 메타버스 네이티브에게 필요한 메타버스 에티켓에 대해서 한번 알아보자.

첫째, 저작권 약속

메타버스로 콘텐츠를 만들다 보면 가장 어려운 점이 저작권을 확인하는 일이다. 아이들은 저작권이 무엇인지, 어떻게 지켜야 하는지 이해하기 어려워한다. 그러므로 다른 사람의 저작권을 침해하지 않기 위한 약속이 필요하다.

먼저 저작권 표시를 확인하고 저작권자가 허용하는 범위 안에서만 자료를 활용하도록 확실하게 알려주어야 한다. 그리고 인터넷에 떠돌아다니는 이미지나 캐릭터를 무단으로 사용하면 안 된다는 사실을 알려주고, 자기가 사용하는 이미지나 자료가 저작권 침해에 해당하는지 수시로 확인하면서 사용하도록 한다.

다소 번거롭게 느껴지더라도 아이들이 살아갈 미래에 꼭 필요한 약속이다. 아이들도 메타버스 에티켓 중에서 저작권에 관한 내용을 가장 중요하게 생각했다. 이러한 저작권 약속을 통해 아이들은 저작권을 지키기 위해 노력하게 되고, 본인의 저작권도 자연스럽게 인식하게 된다.

둘째, 대화 약속

메타버스에서는 대화와 소통이 끊임없이 일어난다. 선생님이나 어른들이 함께 있다고 해도 워낙 빠른 속도로 대화가 이

학생들과 함께 메타버스 에티켓을 정리하는 공간

루어지기 때문에 아이들이 스스로 대화에 관한 에티켓을 갖추는 것이 중요하다.

메타버스에서는 바르고 고운 말을 사용해야 한다고 아이들과 약속한다. 너무 당연한 내용이라고 생각하겠지만, 약속하고 활동하는 것과 약속하지 않고 활동하는 것의 차이는 크다. 아이들은 스스로 약속한 것을 지키려고 노력한다. 그러므로 바르고 고운 말 사용에 대한 약속은 아이들이 스스로 정할 수 있도록 하는 게 좋다.

그리고 기분이 나쁘거나 위험한 일이 발생했을 때는, 선생님이나 부모님에게 말하겠다는 약속도 필요하다. 메타버스에서 불쾌한 상황들이 벌어지면, 아이들은 아직 대처 능력이 충분하지 않아서 당황하기 마련이다. 그래서 그런 상황이 일어날 수도 있다는 사실을 미리 알려주고, 어른에게 도움을 요청해야 한다고 약속할 필요가 있다.

셋째, 학습 약속

선생님과 부모님은 메타버스가 학습에 방해가 되지 않을까 하는 점을 가장 걱정한다. 이러한 걱정은 학습 약속을 통해서 극복할 수 있다. 특히 학습 약속을 정할 때는 아이들의 적나라한 사생활이 공개된다. 아이들은 줌과 같은 실시간 화상 수업을 할 때 자기가 학습에 집중하지 않고 했던 행동들을 거리낌 없이 쏟아낸다. 그 덕분에 메타버스 수업 중에는 '유튜브를 보지 말자' '카톡을 하지 말자' '게임을 하지 말자'와 같은 생생한 이야기가 나온다.

아이들은 메타버스를 학습에만 활용하고 게임이나 다른 활동을 하지 않는 것을 에티켓으로 꼽는다. 게임이나 다른 활동을 하면 메타버스 수업에 방해가 되기 때문이다. 그리고 여러 가지 것들을 못 하게 하는 부정적인 말보다는 '학습에서만 활용하기'와 같이 지켜야 할 내용만 강조하는 게 좋다.

넷째, 검색 약속

메타버스를 활용한 수업은 검색이 필수적이다. 인터넷에 돌아다니는 수많은 정보를 학습으로 연결하고, 자기만의 자료를 만들기 위해서 검색을 해야 하기 때문이다. 우선 수업 시간과 관련 있는 내용만 검색하는 것을 약속으로 정한다. 인터넷에서 정보를 검색하다 보면 다른 내용들이 자꾸 눈에 들어오기 마련인데, 그렇게 되면 정작 학습하고 관련한 내용은 제대로 검색하기 어렵기 때문이다.

또 아이들이 제시한 검색 약속 중 하나는 '긍정적인 단어로 검색하기'다. 아이들은 자기들이 만든 콘텐츠에 긍정적인 메시지를 담고 싶어 한다. 검색할 때부터 긍정적인 단어를 사용하면, 메타버스를 활용하는 사람들에게 긍정적인 마음을 전해 줄 수 있기 때문이다. 이처럼 구체적인 약속을 정하면 수업과 연계해서 훨씬 풍부한 활동이 가능하다.

어른들은 아이들이 아직 미숙한 존재라고 생각하지만, 학교에서 아이들과 공부하다 보면 아이들에게 배우는 점이 훨씬 많다. 아이들은 유연하게 사고하고, 능동적으로 움직이면서 잘못된 것을 어른보다 더 정확하게 판단하기도 한다. 그리고 아이들이 메타버스 에티켓을 고민하면서 교사인 나도 생각하지 못한 것들을 기가 막히게 집어내는 일도 있었다.

예를 들어 아이들은 '메타버스 사용 시간을 정하면 좋겠어요'라는 말을 먼저 꺼냈다. 부모님이나 선생님이 메타버스 사용 시간을 일방적으로 정하지 말고, 미션으로 정해주면 본인들이 더 잘 자제할 수 있다고 말했다. 스스로 사용 시간을 정하게 되면 자기들도 하다 만 것 같은 기분이 안 들고, 끝까지 해냈다는 성취감을 얻을 수 있을 것 같다고 했다.

아이들과 함께 정한 메타버스 에티켓에 대한 약속을 보며 아이들의 역량에 다시 한번 감탄했다. 아이들은 메타버스 네이티브로서 바르게 살아갈 역량을 이미 지니고 있다.

꼭 필요한 메타버스 리터러시

2022년 1월 20일, 정부는 제53차 비상경제 중앙대책본부 회의에서 앞으로 메타버스가 가져올 변화를 새로운 기회로 삼기 위해 '메타버스 신산업 선도전략'을 발표했다.

메타버스로 도약하는 대한민국을 만들기 위해 2026년까지 글로벌 메타버스 시장 점유율 5위, 메타버스 전문가 4만 명 양성, 매출액 50억 원 이상 전문기업 220개 육성, 메타버스 모범 사례 50건 발굴 등을 목표로 정책을 추진하고 있다.

이 전략을 살펴보면 정부에서도 미래의 메타버스 시대를 고민하고, 준비하고 있다는 사실을 확인할 수 있다. 우리 모두 메타버스를 활용하는 소양을 갖추어야 메타버스 시대에 안착할 수 있을 것이다.

안전한 메타버스 생활을 위해서

메타버스 시대를 위해 어른들이 해야 할 일은 분명하다. 바로 아이들이 메타버스를 안전하게 활용할 수 있도록 돕는 일이다.

인터넷이 처음 도입될 때도 큰 우려가 있었고, 실제로 다양한 문제가 발생했다. 사람들은 인터넷 공간에서 익명 뒤에 숨어 다른 사람을 상처 주는 말을 하면서도 잘못된 일이라고 생각하지 못했다. 또 인터넷 사용 시간과 활용 범위에 대해서도 제대로 고려하지 못했다. '소 잃고 외양간 고친다'라는 속담처럼 인터넷으로 발생한 문제들을 뒤늦게 바로잡으려고 노력했지만, 인터넷 사용 예절이 정착되는 데에는 오랜 시간이 걸렸다.

그런데 지금은 그때보다 확인해야 할 것들이 더 많아졌다. 현재 거의 모든 아이가 컴퓨터와 스마트폰을 가지고 있고, 인터넷을 사용하고 있다. 특히 코로나19로 온라인 수업을 진행하면서 아이들의 메타버스 사용 시간도 그만큼 늘어났다. 이 과정에서 자기주도적 학습 능력이 부족한 아이들은 메타버스에 빠져들 수밖에 없었다.

앞으로 아이들은 메타버스 안에서 더 많은 것을 경험하고, 사용하는 시간도 더욱 늘어날 것이다. 이런 상황에서 어른들은 무엇을 확인해야 하고 아이들에게 어떤 소양을 길러주어야 할까?

1. 개인정보 노출 문제

"아이의 개인정보가 지나치게 노출되지는 않는가?"

우리는 흔히 어른들만 개인정보가 있다고 생각한다. 그러나 아이들에게도 개인정보가 있다. 아이들은 메타버스 안에서 수많은 사람과 만나면서, 자기도 모르는 사이에 개인정보를 노출할 수도 있다.

예를 들어 아이템을 준다거나 새로운 맵에 초대해준다고 하면서, 아이들의 실제 이름이나 주소 등을 요구할 수도 있다. 한때 학교 앞에서 공짜로 게임을 준다면서 아이들의 전화번호와 주소를 수집하는 일들이 발생했다. 그렇게 수집된 개인정보는 광고 전화로 이어지기도 했다.

메타버스 공간에서도 마찬가지다. 사전에 아이들에게 개인정보 보호의 중요성을 설명하는 것이 필요하다.

2. 프라이버시 침해 문제

"아이의 프라이버시를 침해하지는 않는가?"

대부분 부모님은 아이가 아직 미숙하다고 판단해서 아이

의 스마트폰을 일일이 검사하는 경우가 많다. 그 과정에서 아이들은 프라이버시 침해를 느끼기도 한다.

메타버스는 아이가 아바타를 꾸미고, 그 안에서 새로운 관계를 맺는 곳이다. 만약 부모님이 아이가 메타버스를 제대로 사용하는지 확인하려고 메타버스 안에서 관계 맺는 장면을 처음부터 끝까지 지켜본다면, 아이는 불쾌감을 느낄 것이다.

부모님이 메타버스에 함께 들어가서 아이와 친구가 되어 살펴보는 것이 중요하다. 아이의 프라이버시도 지켜주어야 한다.

3. 욕설과 폭력 문제

"아이가 욕설이나 폭력을 경험하지는 않는가?"

아이들은 학년이 올라가면서 놀이터나 학교 어딘가에서 욕설과 폭력 문제를 경험하기도 한다. 메타버스에서도 마찬가지로 욕설과 폭력을 경험할 수도 있다. 이때 이러한 상황을 미리 준비한 아이들과 그렇지 않은 아이들이 받아들이는 정도는 매우 다르다. 아이들이 욕설이나 폭력을 대비할 수 있도록 대처 방법을 알려주어야 한다.

만약 아이들이 욕설이나 폭력을 경험한 적이 있다면, 그때 받았던 느낌을 수시로 나누는 과정이 필요하다. 그리고 그런 일이 발생했을 때는 자리를 피한다든지, 기분이 나쁘다고 의사를 분명하게 표현하여 자신을 지키는 방법도 알려줄 필요가 있다.

메타버스에서는 현실과 같이 끊임없이 소통이 이루어지는 곳이다. 나쁜 말이나 상처를 주는 말이 오갈 수 있다. 그러므로 메타버스도 현실과 같이 예절을 지켜야 하는 공간이고, 바른 말을 사용하는 공간이라는 것을 분명하게 알려주어야 한다.

4. 광고 노출 문제

"아이에게 부적절한 광고가 노출되지는 않는가?"

아이와 TV를 보다가 깜짝 놀란 적이 있다. 아이들이 보는 채널에서 갑자기 전립선 광고가 나왔다. 큰 눈으로 "엄마, 전립선이 뭐야?"라는 아이 앞에서 급작스럽게 성교육 시간을 갖게 되었다. 메타버스도 다르지 않다. 메타버스를 운영하는 주체는 대부분 기업이다. 기업은 이윤을 추구하기 때문에 대부분 광고도 함께 제공하고 있다. 메타버스 사용자는 앞으로 개인별 맞춤 광고에 더 많이 노출될 것이다.

메타버스를 이용할 때 아이들에게 적절한 광고가 노출되는지, 아이들의 나이에 맞는 보호 정책이 이루어지는 플랫폼

다양한 브랜드가 메타버스에서 홍보를 진행하고 있다. ⓒZEPETO

인지 확인할 필요가 있다. 그리고 아이가 이해하지 못하는 광고가 나오면, 부모님과 이야기할 수 있도록 독려하는 과정이 꼭 필요하다.

또한 메타버스에서 아바타를 꾸미는 아이템에 대해서도 고민해볼 필요가 있다. 유료 아이템으로 아바타를 꾸미고 있는 사용자를 보면, 아이들은 기본 아이템만 갖춘 자신이 초라하게 느껴질 수도 있다. 결혼식장에서 모두 눈부시게 꾸며 입고 왔는데, 나 혼자만 허름한 옷차림으로 참석한 것처럼 느끼는 것이다.

특히 외모에 관심이 많고, 자아존중감이 형성되는 아이들에게 메타버스 내에서 꾸미고 싶은 욕구는 당연히 높을 수밖에 없다. 각종 브랜드에서는 아이템 홍보를 위해 큰 노력을 기울이고 있다. 이 상황에서 아이가 현명한 소비를 할 수 있도록 미리 지도할 필요가 있다. 무조건 브랜드만 쫓아 고가의 아이템을 사는 행동에 관해서도 대화해보는 것이 좋다.

5. 적정 시간 사용 문제

"아이가 시간을 조절하며 메타버스를 활용하고 있는가?"

시간을 조절하며 사용할 수 있는 소양이 중요하다. 무언가를 하지 말라고 하면 더 하고 싶은 것이 사람의 마음이다. 아이와 함께 메타버스를 살펴보고, 그 안에서 이루어지는 활동에 필요한 시간이 어느 정도인지 확인해볼 필요가 있다.

어른들이 스마트폰이 없으면 불안해하듯이, 아이들도 메타버스 세계에 들어가지 못하는 상황을 불안해할 수도 있다. 사용 시간과 사용 범위를 사전에 정해서 절제력을 기르는 것이 중요한 이유다.

아이들이 메타버스 세상에서 긍정적인 영향을 받기 위해서는 어른들의 도움이 반드시 필요하다. 어른들이 관심을 가지면, 아이들이 더 안전하고 올바르게 메타버스를 활용할 수 있다.

메타버스에서 만나는 크고 작은 문제들은 아이들이 세상을 살아가면서 만나게 될 문제들과 비슷하다. 아이들은 메타버스에서 다양한 문제에 대처하는 방법을 익히고, 문제를 해결할 힘도 가지게 될 것이다. 안전한 메타버스 생활을 위해 앞서 설명한 내용들을 아이들에게 가르쳐주는 것이 무엇보다 중요하다.

아이들이 안전하게 메타버스를 활용하고, 건강한 사용법을 익힐 수 있도록 메타버스 리터러시에 대해 다양한 논의를 해야 한다. 메타버스에서 아이들이 안전하고 건강하게 생활하기 위해서는 우리 모두의 노력이 필요하다.

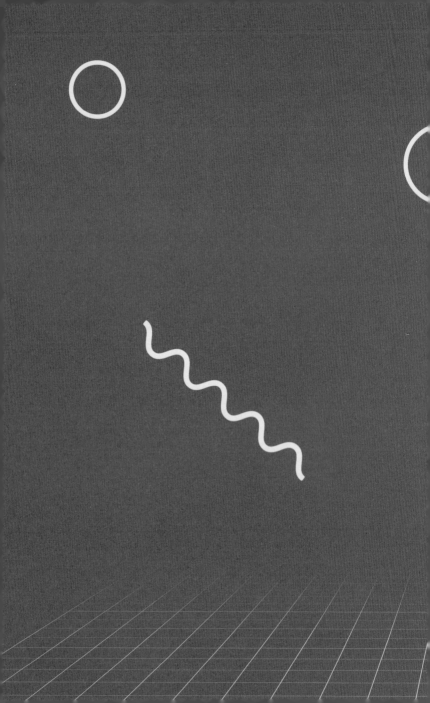

지식 플러스:

수업에서
메타버스 활용하기

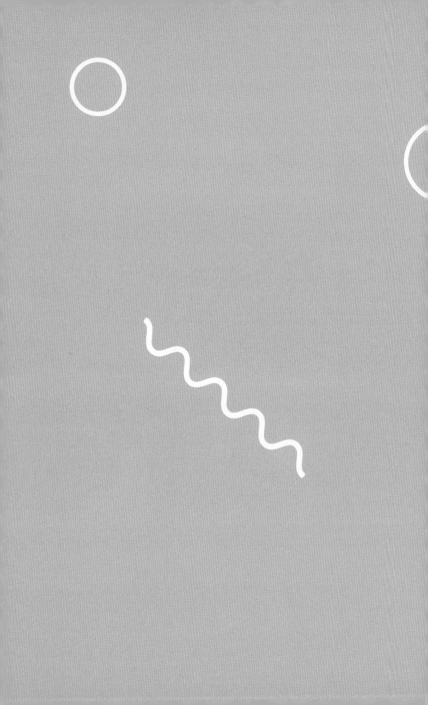

메타버스 수업 준비

    메타버스는 공간의 제약 없이 전 세계 모든 사람이 쉽게 접속할 수 있다. 수만 명의 인원이 동시에 모일 수 있는 유일한 장소인 셈이다. 그렇기 때문에 누구나 자유롭게 사용할 수 있다. 이런 점이 교육에서 활용할 때 장점이면서 단점이 될 수도 있다. 학생들을 모아 다양한 활동을 만들어 나갈 수 있지만, 학교 밖의 사람들도 모일 수 있는 공간이기 때문이다.

    그래서 메타버스 수업을 말하면 항상 조심스럽고, 당부의 말도 같이 할 수밖에 없다. 메타버스 수업을 시행할 때는 메타버스가 교육 목적에 맞는 도구로 활용하는 것에 초점을 맞춰야 한다. 교사가 메타버스 플랫폼에 대한 이해 없이 아이들을 데리고 접속하게 되면 여러 문제가 발생할 수 있다. 다른 사람들과의 접촉을 통해 부정적인 영향을 받을 수도 있고, 학습과 관계없는 활동을 하는 학생들도 생길 수 있기 때문이다.

메타버스 플랫폼의 장점을 살리기 위해서는 어른들의 세심한 배려가 필요하다. 학생별 특성에 따라 메타버스 플랫폼의 선택부터 신중해야 한다. 현재 메타버스 플랫폼은 30개가 넘는다. 재택근무에 중점을 둔 마이크로소프트의 메시, 화상회의를 염두에 둔 게더타운, SNS와 같은 소통에 중심을 둔 제페토, 게임 요소를 더 강조한 로블록스까지 메타버스 플랫폼별 특성이 다 달라서 상황에 맞게 선택해야 제대로 활용할 수 있다. 그리고 아이들이 주로 어떤 메타버스 플랫폼을 활용하고 있는지도 확인하는 과정이 필요하다.

메타버스 이주민인 어른들은 교과와 어울리는 메타버스 플랫폼을 선택하기 쉽지 않다. 현재 대표적인 메타버스 플랫폼은 무엇이 있으며, 수업에서 어떻게 활용되고 있는지 간단히 알아보자.

디지털 교과서와 AR, VR

AR과 VR 기술은 아이들이 가장 먼저 접할 수 있는 메타버스다. 메타버스라는 말이 등장하기도 전에 아이들은 AR과 VR로 메타버스를 경험하고 있었다.

증강현실을 뜻하는 AR은 현실에 가상세계를 합성해서 보여주는 기술이다. AR은 이미 아이들의 게임과 장난감에 많이 사용되고 있다. 스마트폰 게임인 포켓몬고가 AR을 사용하는 게임이다. 레고 중에서도 AR을 접목한 시리즈가 나와 인기를 끌고 있다. 애니메이션인 〈캐치! 티니핑〉이나 〈신비아파트〉의 장난감은 AR로 아이들이 만화 속에서 활동하는 느낌을 주기도 한다.

'스노우(Snow)'라는 카메라 앱도 AR을 활용하는 대표적인 사례다. 스노우는 인공지능으로 사용자의 눈, 코, 입의 위치를 분석한 다음에 다양하게 꾸며서 보여준다. 이외에도 각종 교육 사이트와 장난감 회사들이 AR 서비스를 제공하고 있다. AR은 생각보다 우리 생활의 많은 부분에서 사용되고 있다.

VR은 자신이 가상세계에 들어가 있는 것처럼 보이게 해주는 기술이다. 오큘러스와 같은 전용기기를 착용하면 VR을 체험해볼 수 있다. VR 기기는 아직 콘텐츠가 부족하고 고가의 제품이 많아서 가정에 많이 보급되지 않았다. 하지만 많은 사람이 VR을 메타버스의 미래라고 생각한다.

이처럼 AR과 VR 기술을 활용하면 아이들이 직접 조작하

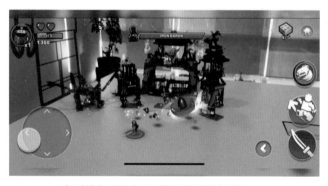

레고의 닌자고 시리즈는 AR 게임도 같이 즐길 수 있다. ⓒLego

며, 상호작용을 할 수 있어서 흥미와 이해가 높아질 수 있다. AR과 VR은 학생들의 학습에 다양하게 활용되고 있다. 디지털 교과서에서는 다양한 학습 자료를 AR과 VR로 볼 수 있고, 교육 업체에서도 AR과 VR을 활용한 교육 콘텐츠를 제공한다. 주변에

에듀넷 실감형
콘텐츠 항목

서 아이들과 교육적으로 메타버스 탐색을 원한다면, 가장 먼저 권하는 것은 디지털 교과서다.

디지털 교과서는 한국교육학술정보원(KERIS)에서 운영하는 '에듀넷' 사이트에서 '수업-디지털 교과서-실감형 콘텐츠'에 들어가면 확인할 수 있다. 3~6학년 교육과정에 맞는 AR 콘텐츠와 VR 콘텐츠를 활용할 수 있어 효과적이다. '과거의 통신 수단 알아보기' '등고선 살펴보기'와 같이 아이들이 직관적으로 알기 어려운 내용들을 AR을 통해 눈으로 보면서 익힐 수 있다.

초등학생의 경우 구체적으로 조작해서 지식을 얻는 게 학습 효과가 더 높다. AR 마커를 미리 출력하고, 실감형 콘텐츠 관련 앱을 내려받으면 스마트폰으로도 손쉽게 학습 관련 AR 콘텐츠를 활용할 수 있다. VR도 같은 과정을 통해 실습해볼 수 있다. 학교에서도 '1인 1 스마트기기'를 목표로 학생마다

스마트기기를 이용할 수 있도록 준비하고 있어서, 앞으로 수업에서 관련 콘텐츠를 많이 활용할 예정이다. '온라인 콘텐츠 활용 교과서 선도학교'처럼 학생들에게 태블릿 PC가 보급된 학교들은 지금도 디지털 교과서를 많이 활용하고 있다.

함께 만드는 AR

메타버스의 특징 중 하나는 참여자인 학생이 직접 만들 수 있다는 점이다. 디지털 교과서나 다른 매체를 통해 이미 만들어진 AR과 VR 콘텐츠를 체험해볼 수도 있다. 하지만 메타버스 네이티브인 아이들이 직접 AR과 VR 콘텐츠를 만드는 방법도 있다.

영화 〈해리포터〉를 보면 신문에 담긴 그림이 영상으로 재생되는 장면이 있다. AR 사진을 이용하면 영화와 비슷한 장면을 연출할 수 있다. 전용 프린터를 활용하면 촬영한 영상을 AR 사진으로 출력할 수 있다. 그 사진을 스마트폰 앱으로 보면 AR 영상이 재생되는 것이다. 아이들과 함께 메시지를 담을 영상을 정하고 그와 연관된 사진을 찍는다. 스마트폰 앱을 이용하여 영상과 사진을 연결하고, 전용 프린터로 인쇄한다. 그 후 스마트폰 앱으로 사진을 비추면 아이들이 지정한 영상이 재생된다.

실제로 아이들과 AR 사진을 만들었는데 반응이 가히 폭발적이었다. 환경 프로젝트를 진행하면서 새로운 경험을 제공해주려고 기획한 수업이었다. 아이들은 환경 관련 메시지를 담은 영상을 10초 내외로 만들고, 대표 사진을 설정하였다. 그리고 이를 보드게임 판에 배치하고, 단계마다 미션을 넣고 AR 사진을 활용하여 퀴즈를 풀도록 만들었다. AR 콘텐츠는 대부분 흥미에서 끝나는데, 이를 수업과 연결하면 아이들의 학습 흥미도와 성취도를 높일 수 있다.

그리고 윈도우10에 포함된 '그림판 3D' 프로그램을 이용하면 증강현실을 바로 체험해볼 수 있다. 그림판 3D를 실행해서 '3D 라이브러리' 메뉴를 선택하면 동물과 우주선, 식물 등 다양한 3D 모델을 볼 수 있다. 마음에 드는 3D 모델을 선택하면 그림판에 표시되고, 혼합 현실을 누르면 자기 모습과 3D 모델을 합성한 그림을 보여준다(노트북이나 컴퓨터 카메라가 켜져 있어야 가능하다). 마우스를 이용하여 3D 모델을 움직일 수도 있고, 방향을 돌려 살펴볼 수도 있다.

비유법을 가르치면서 '아기 손은 단풍잎 같다'라는 부분에서 증강현실을 사용해본 적이 있다. 단풍잎이 실제로 없어도 아이들이 자기 손을 3D로 표현된 단풍잎과 비교하며 재미있게 참여했다. 이외에도 '3D 라이브러리'를 활용하여 동화를

만든다든지, 동식물의 변화를 관찰하는 수업에서도 활용할
수 있다.

함께 만드는 VR

보통 VR 콘텐츠는 '360도 카메라'와 같은 특수 장비가 있
어야 촬영할 수 있다고 생각한다. 하지만 스마트폰 카메라를
가지고도 360도 사진을 찍어 VR을 체험할 수 있다. 바로 '구
글 스트리트 뷰' 앱을 활용하는 것이다. 스마트폰에 해당 앱을
설치하고 '360도 파노라마 사진 찍기'를 누르고, 화면에 보이
는 주황색 점에 동그라미가 위치하도록 사진을 찍으면 된다.
회색 부분이 모두 찰 때까지 촬영하면 지금 있는 공간의 VR

구글 카드보드로 VR 콘텐츠를 실감 나게 체험해볼 수 있다.

사진을 얻을 수 있다. VR 사진은 아이들과는 학교 주변 안전 체험을 할 때나 지역사회를 공부할 때 활용할 수 있다. 아이들이 공간을 인식하고, 그 공간 속의 자기 자신에 대해서도 인식할 수 있는 유용한 방법이다.

그리고 '인스타360'이나 '고프로'에서 나온 VR 카메라를 활용하면 더 생동감 있는 VR 사진을 얻을 수 있다. 그러나 가격이 50만 원 이상이고, 편집 프로그램을 사용해야 교실에서 활용할 수 있다. 이 카메라는 VR 영상도 찍을 수 있어서, 아이들이 관련 프로젝트를 진행할 때 생동감이 넘치는 영상을 촬영하고 다양한 느낌으로 연출할 수도 있다. VR 영상 덕분에 온라인 수업만 하던 1학년 학생들이 등굣길을 체험해볼 수 있었다. 그리고 아이들이 직접 VR 영상을 촬영하고 메타버스 안에 안전지도를 구현하여 실재감을 더 강조하기도 했다.

이외에도 한국과학창의재단이 운영하는 '사이언스올'에서 제공하는 VR 콘텐츠를 활용하는 방법도 있다. 우포늪과 한라산과 같은 다양한 공간을 VR 영상으로 제공하고 있다. 또 커리어넷이나 워크넷에서는 직업 관련 VR 영상을 체험해볼 수 있으며, 재난 교육이나 안전 교육에서 VR 영상을 활용할 수도 있다. 학

사이언스올의
우포늪 VR 영상

교에 오큘러스 같은 VR 기기가 있으면 좋겠지만, 만약 없다면 저렴한 '구글 카드보드'를 활용하면 된다. 스마트폰에 VR 영상을 띄우고 구글 카드보드를 장착하면 마치 그 공간에 들어가 있는 듯한 느낌을 준다.

주의할 점

AR 콘텐츠의 장점만 보고 아이들이 무분별하게 사용하도록 내버려 두면 안 된다. AR 콘텐츠가 혹시 유해하지는 않은지, 정보가 정확한지 미리 확인할 필요가 있다. AR 콘텐츠를 이용하면 아이들이 책으로 읽는 것보다 더 쉽게 지식을 습득할 수 있지만, 그만큼 아이들의 머릿속에 더 깊이 각인될 수 있기 때문이다. 유아나 저학년 어린이 같은 경우에는 AR 활동을 한 후 무서운 꿈을 꾼다며 겁을 낼 수도 있다.

또한 지나치게 많은 시간을 AR 활동을 하는 데 사용한다든지, 모든 활동을 AR로 대체하는 것은 아이의 성장 발달에 오히려 좋지 않은 영향을 끼칠 수 있다. AR은 메타버스 시대에 아이들에게 쉽게 지식을 이해할 수 있도록 도와줄 수 있는 유용한 도구다. 그러나 부정적인 영향 없이 올바르게 활용되기 위해서는 교육 목적에 맞게 적절히 사용 시간을 조절할 필요가 있다. 또 미리 체험해봐서 아이들에게 미칠 정서적인 영향까지 고려해야 한다.

　VR 기기를 활용하는 것 역시 주의해야 한다. VR 기기 자체도 초기 단계여서 대부분 회사에서 어린이의 사용에 주의를 기울여 달라고 하고 있다. VR 기기를 지나치게 사용하면 어지럼증을 호소하거나 가상과 현실을 혼동하는 등의 문제가 나타날 수 있기 때문이다. 그러므로 교육 목적에 맞게 사용할 수 있도록 계획을 잘 세워야 한다. 아이들이 VR 기기를 처음 접하게 되면 지나치게 몰입하는 경우도 있으니, VR 기기를 활용하는 목적과 수업과의 연계성을 아이들에게 명확히 전달하고 시작하는 것이 좋다.

2D의 젭과 게더타운

"이게 무슨 메타버스예요. 애들 장난치는 거 아니에요?"

"이걸로 무슨 수업을 해요. 왔다 갔다 정신만 없겠는데요."

젭이나 게더타운으로 수업하는 장면을 본 사람들이 가장 처음 하는 말이다. 가상과 현실이 합쳐진 공간으로 보기에는 황당한 기분이 들 정도로 그래픽이 엉성하기 때문이다. 그러나 겉모습과 다르게 게더타운은 코로나19 시기에 가장 다양하게 활용된 메타버스 플랫폼이다. 기업들은 게더타운에서 신입사원 교육을 하기도 했고, 재택근무를 하면서 실제 사무실 공간처럼 활용하기도 했다.

게더타운은 얼굴을 마주 보고 대화하는 화상 회의 기능뿐 아니라, 가상 공간에서 아바타를 움직일 수 있는 메타버스 플랫폼이다. 사용자들끼리 다양한 자료 공유도 할 수 있어서 사람들이 여러 방식으로 활용할 수 있었다.

젭은 게더타운을 모티브로 우리나라에서 만든 메타버스 플랫폼이다. 네이버에서 제공하는 온라인 수업 도구인 '웨일 스페이스'와 연동해서 학생용 계정을 발급받아 활용할 수 있다. 또 많은 인원이 접속해도 활동에 문제가 없는 것도 큰 장점이다. 게더타운에 비해 OX 퀴즈, 똥 피하기 등 다양한 게임적 요소들도 잘 배치가 되어 있는 편이다.

젭과 게더타운은 2D로 그래픽은 단순하지만, 누구나 부담 없이 접근할 수 있다는 장점이 있는 메타버스다.

많이 활용하는 이유

젭과 게더타운은 실제 교육에서 많이 활용하고 있다. 그 이유는 크게 네 가지를 꼽을 수 있다.

첫째, 화상 회의 기능을 사용할 수 있다. 메타버스를 교육에서 활용하는 목적은 학생들의 원활한 온라인 수업 진행을 위해서다. 학생들의 얼굴이 보이면 학습 상황을 빨리 파악할 수 있다. 비언어적 요소인 표정이나 몸짓을 통해서 수업을 잘 따라오고 있는지 쉽게 알아챌 수 있기 때문이다. 그리고 코로나19로 대면할 수 없는 상황에서 친구들과 선생님의 얼굴을 볼 수 있다는 것도 중요하다. 화상 회의를 통해 아이들은 함께 있다는 느낌을 받는다.

둘째, 그래픽이 단순해서 학습에 집중할 수 있다. 메타버스의 그래픽이 화려하면 오히려 수업에 방해가 될 수도 있다. 학생들이 화려한 그래픽에만 신경 쓰고, 아바타를 꾸미는 데 에너지를 쏟으면 수업에 집중하기가 어렵다. 젭과 게더타운은 그래픽이 단순하고 아바타를 꾸미는 기능이 제한적이어서, 학생들이 오히려 수업에 더 쉽게 집중한다.

셋째, 학생들을 통솔하기 쉽고, 다양한 학습 자료를 공유할 수 있다. 온라인 수업을 하다 보면 학생들을 통솔하기 어려운 경우가 많다. 젭과 게더타운은 학생들에게 한꺼번에 공지를 할 수 있는 기능이나, 채팅을 통한 안내가 쉽고 단순하다. 또 링크를 통해 각종 웹페이지부터 패들렛과 구글 프레젠테이션 같은 온라인 협업 프로그램, 카훗과 같은 퀴즈 프로그램까지 다양하게 연결할 수 있다.

넷째, 학생들이 메타버스 공간을 쉽게 만들 수 있다. 젭과 게더타운에서는 다양한 오브젝트를 배치하고 맵을 디자인하는 데 큰 노력이 필요하지 않다. 마우스 클릭을 통해 간단히 오브젝트를 배치할 수 있고, 그 오브젝트에 링크를 연결하는 방법도 간단하다.

게더타운을 활용한 화상 회의 장면 ⓒgather

이외에도 2D 그래픽이기 때문에 조작이 편리하고, 컴퓨터의 사양도 큰 영향을 끼치지 않는다. 배경을 2.5D 느낌으로 편집하면 입체적인 구성도 가능하다. 메타버스 안에서 다른 공간으로 연결할 수 있어서 다양하고 재미있는 체험을 할 수 있다.

실제 활용 방법

젭과 게더타운으로 여러 수업을 진행할 수 있다. 프로젝트 수업, VR 영상 활용, 영상회, 자율 동아리 활동 등 다양한 교육 사례가 있다.

실제로 통일이나 세계여행을 주제로 아이들과 함께 메타

버스 공간을 꾸미는 활동을 해봤다. 통일을 주제로 할 때는 메타버스 안에서 사용할 관련 영상을 만들고 스토리를 설정했다. 그리고 메타버스 공간을 세분화하여 학생들이 각 공간에 입장하면, 통일과 관련한 퀴즈를 풀어야 다른 방으로 이동할 수 있도록 방탈출 게임처럼 만들었다. 세계여행을 주제로 할 때는 메타버스 공간을 나눠서 자기들이 담당한 나라의 문화를 소개하는 방식으로 꾸몄다. 그리고 서로가 만든 나라를 여행할 수 있도록 했다. 메타버스에서 공간을 만들고 꾸미기 위해서, 아이들은 담당한 나라에 대해 많은 조사를 할 수밖에 없었다.

그리고 자료를 직접 만들어 공유하는 활동도 가능하다. 영상회는 아이들이 만든 각종 영상을 전시회 형식으로 안내했다. 아이들이 만든 영상을 메타버스에 연결하고, 영상 관련 퀴즈도 함께 풀며 오프라인의 영상회처럼 진행했다.

최근에는 자율 동아리도 메타버스에서 시도해보고 있다. 메타버스를 이용하면 공간에 구애받지 않으면서 자율 동아리를 운영할 수 있다. 2020년과 2021년은 코로나19로 대부분 온라인으로 수업을 진행했지만, 2022년은 일상의 회복을 바라보며 신학기부터 전면등교를 시행하고 있다. 하지만 모든 교실이 '방과 후 교실'이나 '돌봄 교실'로 사용하고 있어서, 자율 동아리를 운영할 공간을 구하기가 어려웠다. 아이들이 모일 장소가 마땅치 않았고, 시간 확보에도 어려움이 있었다. 그래서 자율 동아리를 메타버스 공간으로 옮기게 된 것이다.

자율 동아리를 메타버스로 옮기고 나서 아이들이 더욱 주도적으로 활동하게 되었다. 아이들은 방과 후에 각자 집에서 시간을 정하고, 메타버스에 접속하여 동아리 활동을 했다. 메타버스 안에 동아리방을 만들고 활동 내용을 보여줄 수 있는 공간을 꾸미고, 동아리 로고도 제작하여 동아리의 정체성을 뚜렷이 드러냈다. 멀리 있는 강사도 온라인상에서 더 쉽게 만나 배울 수 있었다. 아이들의 호응과 만족도가 매우 높아서 앞으로도 자율 동아리를 메타버스에서 운영할 계획이다.

주의할 점

온라인 수업 초반에는 교육 현장에서 게더타운을 많이 활용했다. 그러나 게더타운 사용자가 늘어나면서 사용 연령에 제한이 생겼다. 현재 게더타운은 공식적으로 19세 이상만 이용할 수 있다. 왜냐하면 미국에서는 '아동 온라인 개인정보 보호법(Children's Online Privacy Protection Act, COPPA)'으로 인하여 아동의 개인정보 수집을 엄격하게 금지하고 있기 때문이다. 2019년에 이 법을 위반한 유튜브는 약 2천억 원, 틱톡은 약 70억 원의 벌금을 낸 적이 있다. 게더타운은 추후 18세 미만도 이용할 수 있게 변경할 예정이라고 한다. 현재는 아이들을 보호하는 정책이 따로 있는 젭을 교육 현장에서 활용하는 것을 권유하고 있다.

젭과 게더타운에서는 현실과 마찬가지로 아이들끼리 활발한 상호작용이 이루어진다. 그래서 교사가 반드시 함께 참석해야 하고, 메타버스 에티켓과 활용법 교육 등을 통해 미리 학생들을 보호하는 장치를 마련해야 한다. 또한 동시에 많은 인원이 접속하면 안전을 위해서 부모나 다수의 보호자가 함께 접속하는 게 좋다. 이러한 것들만 뒷받침되면 젭과 게더타운은 교육 현장에서 가장 유용하게 활용할 수 있는 메타버스 플랫폼이다.

3D의 로블록스와
마인크래프트

로블록스와 마인크래프트는 3D 공간에 블록을 하나씩 쌓아서 뭐든지 자유롭게 만들 수 있는 메타버스 플랫폼이다. 로블록스와 마인크래프트를 전문으로 하는 유튜브 크리에이터도 많고, 메타버스 네이티브 사이에서 가장 유명한 메타버스 플랫폼이라고 생각하면 된다. 학교에서도 로블록스와 마인크래프트를 알지 못하는 아이를 찾는 것이 더 어려울 정도다. 아이들은 대부분 유튜브로 관련 영상을 보다가 흥미가 생겨서 시작해본다.

로블록스와 마인크래프트는 사용자가 티셔츠를 디자인하여 아바타를 꾸미는 기본적인 활동부터, 자기만의 개성을 드러내는 공간을 만들 수도 있다. 그리고 3D 게임과 가까워서 아이들이 실제 교실에서 할 수 없는 상황을 체험하는 데 적합하다. 과거로 여행을 떠나 선사시대를 탐험해 본다든지, 불이 났을 때 어떻게 대피하는지, 실제 상황과 유사하게 시뮬레이션할 수 있다. 젭과 게더타운처럼 다양한 웹페이지와의 연결은 어렵지만, 실제로 겪기 어려운 상황을 체험해볼 수 있다는 점에서 아이들의 흥미를 끈다.

아이들은 로블록스와 마인크래프트의 입체적인 공간에서 다른 사람들과 함께 새로운 환경을 탐색하고, 자기가 원하는 맵이나 아이템을 직접 만들 수도 있다. 이러한 자유로움 덕분에 로블록스와 마인크래프트에 대한 아이들의 관심은 앞으로도 계속 이어질 것이다.

실제 활용 방법

마인크래프트는 여러 기관에서 홍보 공간을 만들어서 아이들이 체험할 수 있도록 하고 있다. 청와대는 마인크래프트 안에 청와대 맵을 만들어서 어린이날 행사를 진행한 적이 있고, 국립중앙박물관에서는 어린이박물관을 만들어서 집에서 전시를 관람할 수 있도록 만들었다. 그리고 농림축산식품부에서 '욱크래프트'라는 맵을 적극적으로 홍보하며 많은 이목을 끌었다. '욱'은 농림축산식품부의 '농'을 뒤집어 표현한 것

욱크래프트에서는 농업과 관련한 다양한 체험이 가능하다. ⓒ농림축산식품부

이다. 욱크래프트에는 농림축산식품부 청사, 스마트팜, 농업 박물관 등이 있으며, 아이들이 농업과 관련한 여러 체험을 해 볼 수 있다.

로블록스에는 이미 화재 대피 훈련과 관련한 여러 맵이 있어서 접속만 하면, 언제든지 화재 대피 훈련을 체험할 수 있다. 학교에서 이루어지는 화재 대피 훈련의 경우 실재감이 떨어질 수밖에 없다. 예를 들어 과학실에서 불이 났다고 가정하고 연기를 피우면, 아이들이 대피로를 따라 대피한다. 운동장에 모여 소방관들이 소화기 활용법을 알려주고, 소방차가 불을 끄는 모습을 보여준다. 그런데 코로나19로 인해 이마저도

로블록스에서는 화재 대피 훈련 등 다양한 체험이 가능하다. ⓒTeam_Meimai

하지 못하게 되었다. 그저 대피로를 익히는 연습만으로는 아이들이 훈련에 집중하기 힘들었다.

하지만 로블록스에서는 불이나 연기를 다양하게 표현할 수 있고, 화재 대피 훈련을 위한 여러 요소가 설치되어 있어 더 실감 나는 화재 상황을 연출할 수 있다. 실제 공간에 들어가서 활동하는 느낌을 받을 수 있다.

현재 '그린스마트 미래학교' 정책으로 아이들이 하루 종일 생활하는 공간을 교육공동체가 직접 디자인하고자 하는 노력이 이루어지고 있다. 그 과정에서 아이들이 공간을 직접 디자인하는 활동이 필수적으로 포함되어 있다. 아이들은 자기중심적으로 생각하는 경향이 강하다. 모두가 함께하는 공간을 디자인하면서 아이들은 자연스럽게 자기중심적인 생각에서 벗어나 외부의 관점에서도 생각해볼 수 있다.

이때 블록을 하나씩 쌓으며 공간을 만드는 로블록스나 마인크래프트와 같은 게임이 도움이 된다. 학교 안을 디자인하여 표현할 수도 있고, 가고 싶은 장소를 주제에 맞게 미리 꾸며 살펴볼 수도 있다. 아이들은 공간을 원하는 대로 디자인하면서 공간에 대해 고민하고, 공간 재구조화를 체험할 수 있다.

주의할 점

아이들에게 가장 유명한 메타버스지만, 아직 사용해보지 않은 아이들도 있어서 수준 차이가 있을 수 있다. 메타버스 네이티브인 아이들은 금방 적응하지만, 시작부터 아이들끼리 너무 많은 차이가 나지 않도록 배려가 필요하다. 그래서 모둠별 협력을 통해 함께 만들면서 사용 방법을 익히는 과정이 꼭 필요하다.

또한 아바타를 활용하기 때문에 각 학생의 아바타가 무엇인지 사전에 파악하는 것이 좋다. 아이들의 안전한 활동을 위해 실명제를 시행하는 것도 도움이 될 수 있다. 앞서 말했듯이 상당히 자유롭게 활용할 수 있기 때문에 사전에 교육과 관련된 목표를 명확히 제시해주고, 공간을 어떻게 꾸밀지 미리 계획해두면 도움이 된다.

그리고 로블록스와 마인크래프트는 원칙적으로 만 13세 이상만 이용할 수 있다. 만 13세 미만이 이용하면 채팅에 제한을 둔다. 채팅으로 일어날 수 있는 문제를 예방하기 위해서다. 마인크래프트 같은 경우 코딩에 중점을 둔 교육용이 따로 있어서 아이들이 교육용을 활용하도록 하는 편이 좋다. 만약 교육용을 사용하지 못하는 상황에서는 안전장치를 꼭 마련해야 한다.

더 활용할 수 있는
메타버스 플랫폼

제페토와 이프랜드

제페토와 이프랜드도 교육에서 활용하는 빈도가 점점 높아지고 있다. 하지만 제페토와 이프랜드는 사회적 활동이나 아바타를 꾸미는 것에 중점을 두고 있어서 교육에 활용할 때는 좀 더 고민이 필요하다.

제페토는 전 세계적으로 3억 명이 넘는 사용자가 이용하는 만큼 콘텐츠의 종류도 다양하고 질도 좋다. 자기 얼굴을 닮은 AR 아바타 만들기나 옷을 디자인하여 아바타를 꾸미는 것도 가능하다. 하지만 사용자가 많아서 아이들이 활용할 때 안전상 주의가 더 필요하고, 교사가 아이들을 통솔하기 어려울 수도 있다. 그리고 만 14세 미만의 경우 부모님의 동의를 받아야만 가입할 수 있고, 상업적인 요소들도 포함되어 있어서 신중히 선택해야 한다.

이프랜드는 음성으로 소통하기 때문에 강의나 공연 콘텐츠로 많이 활용하고 있다. 다양한 영상과 자료를 연결하여 보여주는 것이 가능하지만, 아직 기능이 제한적이어서 교육 활용도는 낮은 편이다. 그래서 이프랜드를 이용할 때 더욱 세밀한 계획이 필요하다. 또 앱을 내려받아 활용해야 해서 사전에 준비할 필요가 있다. 제페토와 마찬가지로 개성을 드러내는 아바타를 꾸밀 수도 있고, 강연 수업을 할 때는 학생들에게 새로운 경험을 제공할 수 있다.

다양한 메타버스 플랫폼

'모질라 허브'와 '스페이셜'도 요즘 주목받는 메타버스 플랫폼이다. 360도 공간을 모두 돌아볼 수 있어서 학생들에게 몰입감을 줄 수 있다. 하지만 컴퓨터 사양에 따라 접속해서 움직일 때 다소 불편함을 느낄 수도 있다.

'코스페이시스'는 AR이나 VR 영상을 제작할 수 있고, 코딩도 함께 할 수 있어서 주목받고 있는 메타버스 플랫폼이다. 그러나 AR이나 VR 영상을 제작하는 기능을 이용하려면 유료 결제를 해야 하므로 목적에 맞는 선택이 필요하다.

아트스텝스를 활용한 온라인 전시 공간 ⓒArtsteps

　'아트스텝스'처럼 전시회에 특화된 메타버스 플랫폼도 있다. 자신이 가지고 있는 이미지 파일만 넣으면, 여러 사람이 접속하여 미술관처럼 전시를 즐길 수 있다. 가장 간단히 활용할 수 있는 프로그램이고, 별도의 아바타가 필요 없어 온전히 작품 감상에만 집중할 수 있다. 학부모님들과 활동 결과를 나눌 때 유용하게 활용할 수 있다.

　이외에도 다양한 메타버스 플랫폼이 끊임없이 나오는 중이다. 어른들은 각 플랫폼의 특징을 제대로 파악하고, 교육 목적에 맞는 플랫폼을 아이들에게 추천할 수 있어야 한다. 그래야만 메타버스 네이티브의 성장을 도울 수 있을 것이다.

메타버스로 혼란스러운
이주민들에게

메타버스를 처음 접한 어른들은 혼란스럽다. 어른들은 메타버스라는 개념 자체도 어렵다. 새로운 개념을 이해하려면 생각의 변화가 필요하다. 특히 경험해보지 않은 세계를 추상적으로 떠올리기란 쉽지 않다. 정말 어려운 일이다. 그러나 아이들은 다르다. 메타버스에 몰입하여 활동하는 아이들을 이길 수가 없다. 미래는 바뀌고 있고, 메타버스 시대는 이미 다가왔다. 앞으로 우리와는 다른 메타버스 네이티브와 살아가야만 한다.

그 상황에서 우리가 할 수 있는 일은 메타버스 네이티브를 들여다보고, 함께 발맞추고 걷는 것이다. 책을 쓰는 동안 아이들과 했던 활동들과 에피소드를 정리하며 다시 한번 살펴봤다. 메타버스 네이티브의 발상과 실행력은 다시 봐도 경이로울 정도였다. 코로나19로 인해 교육의 방향이 완전히 바뀌어버린 후에야 메타버스 네이티브를 진정으로 만날 수 있었다. 그 이전의 교육 방식이라면 학교와 가정을 분리해서 볼 수밖에 없었을 것이다. 그러나 원격 수업을 진행하면서 가정과의 연계가 오히려 깊어졌고, 아이들의 생활을 좀 더 자세히 들여다볼 수 있었다.

메타버스에서 활동한 경험을 기록으로 남겨야겠다고 생각한 건 아이들 때문이었다. 메타버스에서 이미 생활하고 있는 아이들은 메타버스 이주민인 부모님과 갈등이 컸다. 부모님은 아이들을 이해하기 어려워했고, 아이들은 부모님을 이해할 수 없었다. 그래서 그 간극을 좁히고자 했다. 이러한 이야기를 듣고 싶어 하는 곳들이 많았고, 강의와 글로 많은 사람을 만났다. 모두 같은 고민을 하고 있었다. 이 책을 통해 메타버스 이주민들의 메타버스에 대한 관점이 조금이나마 바뀌었으면 한다. 마냥 낙관적인 시각으로 메타버스를 바라보는 것도 문제가 있지만, 무조건 비판적인 시각에서 못 하게 막는 것은 더 문제가 있다.

지금 우리에게는 메타버스가 무엇인지 정확히 알고, 활용법을 익혀 메타버스 네이티브가 미래의 변화에 적응하고 꿈을 펼칠 수 있도록 도와주는 과정이 꼭 필요하다. 초등학교 교사로 생활하며 누구보다 아이들을 가까이서 지켜보고 성장을 도왔다. 코로나19로 인해 마스크로 가려진 아이들의 입에서는 그 이전보다 자유로운 말과 생각이 나오지 않았다. 협력학습을 하거나 프로젝트 진행을 위해 다양한 사람들을 만나는 일 자체가 어려워졌고, 발달단계에서 이루어져야 할 것들이 이루어지지 못한 기간이었다. 그 간극을 메우는 데 메타버스의 힘을 직접 경험했고, 이를 나누고 싶었다.

책을 쓰며 아이들에게 받은 문자를 읽고 마음이 울컥했다. 메타버스를 함께 해준 선생님이 있어서 참 행복했다는 아이, 선생님과 함께 한 메타버스에서 얻은 자신감으로 살아간다는 아이, 미래의 변화에 따라 진로를 고민하고 있다는 아이까지. 아이들은 매 순간 성장하고 있고, 그 아이들이 있기에 나도 성장할 수 있었다.

이 책을 읽고 아이가 사는 메타버스를 들여다보고 독려해주길 바란다. 아이들이 메타버스 네이티브라는 사실을 인정하고, 아이들 곁에서 메타버스를 함께 들여다보면 좋겠다. 메타버스 네이티브인 아이들은 이미 메타버스 이주민도 받아들

일 준비가 되어 있다. 어른들이 메타버스로 발을 내디디면 얼마든지 환영하며 자신들의 경험을 나누려고 할 것이다. 인터넷과 스마트폰이 처음 등장했을 때처럼 앞으로 메타버스로 인해 여러 혼란을 겪을 수도 있다. 하지만 '비 온 뒤에 땅이 굳는다'라는 말처럼 혼란을 겪은 후에는 더 나은 미래를 맞이하게 될 것이다.

참고문헌

교육을 위한 메타버스 탐구생활, 조안나 외 5인, 지노(2022)

나는 오늘도 메타버스로 출근합니다, 정석훈, 슬로디미디어(2021)

나의 첫 메타버스 수업, 이재원, 메이트북스(2021)

돈이 되는 메타버스, 최원희 외 2인, 포레스트북스(2022)

메타버스, 김상균, 플랜비디자인(2020)

메타버스 2, 김상균, 플랜비디자인(2022)

메타버스 사피엔스, 김대식, 동아시아(2022)

메타버스 새로운 기회, 김상균·신병호, 베가북스(2021)

메타버스, 이미 시작된 미래, 이임복, 천그루숲(2021)

메타버스 FOR 에듀테크, 변문경 외 3인, 다빈치books(2021)

세븐 테크, 김미경 외 8인, 웅진지식하우스(2022)

스쿨 메타버스, 김상균·박기현, 테크빌교육(2022)

언택트 교육의 미래, 저스틴 라이시, 문예출판사(2021)

NFT 사용설명서, 맷 포트나우·큐해리슨 테리, 여의도책방(2021)

메타버스로 소통하는 아이들

초판 1쇄 발행일 2022년 10월 14일

지은이 이진명

펴낸이 김상기

펴낸곳 리마인드

출판신고 제2021-000076호.(2021년 9월 27일)

주소 서울특별시 은평구 응암로14길 1-15, 801호

전화 070-8064-4518 **팩스** 0504-475-6075

이메일 remindbooks@naver.com

편집 김상기 **디자인** 박현경

인쇄·제본 (주)에스제이피앤비

ISBN 979-11-979637-0-4(03370)